Zwei Buchhändlerinnen
in New York

Madge Jenison

SUNWISE TURN

Zwei Buchhändlerinnen in New York

Aus dem Englischen übersetzt von Ariane Böckler
Herausgegeben von Marion Voigt

edition ebersbach

Dieses Buch ist allen Buchhändlerinnen und
Buchhändlern gewidmet, die durch ihren Mut,
ihre Fantasie und ihr Engagement dafür sorgen,
dass die Vielfalt des Bücherangebots erhalten bleibt.

1. Kapitel

Dies ist die Geschichte von einem schönen, abenteuerlichen und aufregenden Unterfangen. Es ist weder ein Lehrbuch noch eine theoretische Abhandlung noch ein Roman, den man für einen Groschen kaufen kann wie eine Zuckerschnecke. Es geht darum, wie wir etwas verwirklicht haben, das uns wichtig war und unser ganzes Denken und Fühlen beschäftigte. Es war so mühsam und zugleich so interessant, dass schwerlich jemand mehr Hingabe oder Engagement hätte aufbringen können als wir in diesen vier Jahren.

Es war ein sehr kalter Sonntag im Januar – einer dieser strahlenden Januarmorgen, an denen Luft und Licht beinahe ineinander verschmelzen. Das Sonnenlicht lag wie ein Block auf dem Boden des Zimmers, und wenn man ein Fenster öffnete, drang die Luft in einem Schwall herein und erfüllte den Raum mit einer Kälte, die man förmlich schmecken konnte. Drinnen war es sehr warm und hell, und in einer Vase standen Blumen, deren Duft mir unablässig in die Nase stieg. Ich saß bequem in einem Sessel, las ein Buch und dachte beim Umblättern der raschelnden Seiten an zwei mir bekannte Frauen, die eine Aufgabe brauchten. Sie brauchten etwas, in das sie all die Fähigkeiten und Ideen einfließen lassen konnten, mit denen

Frauen der begüterten Schichten gerne spielen, die sie jedoch nie in die Praxis umsetzen.

Irgendwann vergaß ich die beiden wieder und versank erneut in meiner Lektüre. Und als hätte ich nie zuvor daran gedacht, kam mir nach einer Weile plötzlich in den Sinn, wie großartig Bücher sind – entgegen der landläufigen Meinung handelt es sich mitnichten um tote Gegenstände. Sie nehmen ihre Leser mit auf die Reise. Beinahe jeder orientiert sich doch an einer Zeile aus dem zweiten Buch der Könige oder der Bergpredigt, aus den Werken von George Eliot, Nietzsche oder sonst eines Denkers. Ich wohnte damals im Norden Manhattans und war viel mit der U-Bahn unterwegs, und die Reklame für Bücher verursachte mir manchmal regelrecht Bauchschmerzen. Alles, was so gedankenlos von Hand zu Hand ging, kam mir vor wie ein sechstklassiger Abklatsch, während die wirklich großen Bücher nur Eingeweihten zugänglich schienen. Wenn ich die Plakatwände und Kioske in den U-Bahn-Stationen betrachtete, hatte ich bisweilen das Gefühl, mich irgendwo hinsetzen und ausruhen zu müssen.

Im Zimmer war es sehr warm, still und freundlich. Ich saß da, betrachtete den golden glänzenden Lichtblock und roch die Levkojen und Lilien auf dem Tisch, deren Duft sich allmählich auf angenehme Weise mit dem Aroma von Lebkuchen und parfümierten Kerzen vermischte. Ich begann über Clive Bells Essay über

Kunst nachzusinnen, wie schon oft in diesem Winter. Arthur Davies hatte das Buch im Herbst aus England mitgebracht, und wir hatten es unter uns kursieren lassen und bis spät in die Nacht darüber diskutiert.

Auf einmal musste ich an eine meiner Verwandten denken. Sie hatte mich am Nachmittag zuvor besucht. Wir hatten unsere Teetassen auf dem Boden abgestellt und über Bücher gesprochen. Wir sprachen über Bücher, weil sie für uns beide zwar nicht gerade Haus und Hof, aber doch zumindest der Horizont unserer Landschaft sind. Sie war nach New York gekommen, um sich die Cézanne-Ausstellung anzusehen, und hatte noch nie von Clive Bells *Kunst* gehört. Den ganzen Sommer hindurch hatte sie ihre Kinder über Insekten belehrt, doch der Name Fabre war ihr fremd. Sie glaubte, es gebe in der Literatur keine revolutionäre Bewegung wie in der bildenden Kunst, und kannte weder Edgar Lee Masters noch Paul Fort. Ich lieh ihr sechs Bücher, und als ich hinter ihr die Tür schloss, wurde mir schmerzlich bewusst, wie exklusiv Bücher sind.

Diese Gedanken gingen mir immer wieder durch den Kopf wie ein Motiv von Mozart. Ich legte mein Buch beiseite und ging Mittag essen. Warum eröffnet eigentlich keine Frau eine richtige Buchhandlung, überlegte ich, eine Buchhandlung, die alle Facetten des modernen Lebens, die durch die Türen eines solchen Ladens hinein- und hinausströmen, aufgreift und sie den Menschen zugänglich macht. Es müsste eine Frau mit echtem Berufsethos sein, die ihr Wissen und ihre Redlichkeit der Allgemeinheit widmet und wie eine Ärztin all dem auf den Grund geht, was sie nicht kennt. Ich weiß nicht mehr genau, wann ich zu dem Schluss kam, dass Amerika eine ganz neue Art von Buchhandlung brauchte, und zwar sofort, und dass ich so einen Laden eröffnen würde.

Manchmal blitzen in einem einzigen Moment wichtige Erkenntnisse in uns auf, dann fügt sich unser gesamter Erfahrungsschatz neu und verändert den Umgang mit unseren Lebensbedingungen. Noch eine Stunde zuvor hatte ich ebenso wenig die Absicht gehabt, eine Buchhandlung aufzumachen, wie eine Kohlengrube anzulegen. Ich ging davon aus, dass ich immer so weiterleben würde wie bisher – angenehme Abweichungen eingeschlossen. Eigentlich steckte ich mitten in einer langwierigen Arbeit. Doch meine Gedanken begannen zu rasen, wie es in Ausnahmesituationen oft der Fall ist. Mir fiel eine Freundin ein, die mir die Richtige schien, um dieses Unterfangen mit mir gemeinsam anzugehen, falls sie dazu bereit war. Da ich nicht überstürzt vorgehen wollte, wartete ich eine Stunde, ehe ich sie anrief und fragte, ob ich zum Tee kommen könne. Ich sagte ihr, dass mir eine Idee unter den Nägeln brenne.

Mary Mowbray-Clarke, die mit einem Bildhauer verheiratet war, hielt Vorträge über Kunst, unterrichtete und erledigte die vielfältigen Arbeiten in ihrem kleinen Haushalt. Ich weiß noch, dass sie an diesem Nachmittag sehr erschöpft war. Sie weinte ein bisschen, da sie irische Eltern hatte, und sagte, sie könne sich auf keinen Fall noch etwas Zusätzliches aufladen. Aber natürlich wollte sie sich so etwas nicht entgehen lassen. Eilig erläuterte ich meinen Plan – all das, was ich seither so oft gesagt habe. Sie, ihr Mann und ich saßen in einer Ecke des Ateliers in der Dämmerung und sprachen darüber, während der kleine Sprössling tief versunken seine Autos auf einem Spalt zwischen den Dielen hin- und herfahren ließ. Ich sehe ihren Mann noch vor mir, wie er mit der Zigarette zwischen den Lippen und dem Finger in seinem geliebten *Le Morte Darthur* mit seinem kühlen englischen Akzent den Ort entwirft, den Läden wie unserer in der Welt einnehmen. Zahllose Gehirnfurchen wurden in dieser atemlosen Stunde umgepflügt, in der ein Gedanke seiner Umsetzung entgegenreifte. Die Idee »wuchs wie das Sommergras«. Als wir uns zum Abendessen setzten, gab es bereits eine Buchhandlung mit einer Philosophie, gestützt von einer Vielzahl unserer Lieblingstheorien und mit Reihen edler Bücher in imaginären Regalen.

Seit diesem ereignisreichen Sonntag war mir ein bisschen mulmig. Keine von uns verstand etwas von Geschäften. All das war uns so fremd, dass wir nicht einmal genug wussten, um Angst davor zu haben. Ich kannte einen Verleger, Alfred Harcourt. Er hielt mich,

glaube ich, für eine Frau, die vielleicht einen erfolg-
reichen Roman schreiben konnte, aber gewiss nicht
für eine gewiefte Geschäftsfrau und Sozialreformerin
in Personalunion, wie es mir vorschwebte. Er war verblüfft, als ich in meiner neuen Rolle in seinem Büro
vorsprach, und musterte mich schweigend, während
ich ihm mein Vorhaben darlegte. Alle Verleger wünschen sich inständig solche Buchhandlungen, wie wir
eine planten, doch Mr. Harcourt hat nicht umsonst
den Ruf eines Genies, vermutlich weil er sich mehr für
die Wirklichkeit als für den schönen Schein interessiert. Und so enthält sein Weltbild lauter reale Faktoren: die Öffentlichkeit, den Autor, den Buchhändler –
alles lebendige Wesen, keine Figuren in einem Spiel,
das nur existiert, damit er gewinnen kann. Jedenfalls
hat er mir reinen Wein eingeschenkt: Bücher verkaufen ist ein hoffnungsloses Unterfangen. Er schickte
mich zum Großhändler Norman Baker von Baker &
Taylor und zu etlichen anderen Leuten. Sie alle sahen
mir ungerührt in die Augen und sagten:

»Sie wissen doch sicher, dass es aussichtslos ist, eine
Buchhandlung rentabel zu betreiben. Buchhandlungen überleben nur durch den Verkauf von Schreibwaren.«

»Warum führt Brentano's dann überhaupt Bücher?«,
fragte ich zurück. »Warum verkaufen sie dann nicht
nur Schreibwaren?« Darauf konnte mir keiner eine
Antwort geben.

Niemand fand ermunternde Worte. Im Buchhandel herrscht eine merkwürdige Ausnahmesituation im Vergleich zu anderen Branchen. Man kann kaum davon leben. Inzwischen glaube ich die Gründe dafür zu kennen. Ich habe sie verstanden, indem ich lange Zahlenkolonnen addiert, endlose Stunden auf Buchhändlertagungen verbracht sowie Inventarlisten und laufende Kosten studiert habe. Kein Mensch hat sich die Mühe gemacht, uns in der Anfangszeit irgendetwas zu erklären, aber wir haben dennoch einiges aufgeschnappt. So zum Beispiel, dass Läden wie Wanamaker's und Gimbel's bei Büchern mit einem Gewinn von nur 10 Prozent rechnen, bei Baumwollunterwäsche jedoch mit 50 Prozent, und dass die Bücherabteilung nur deshalb weitergeführt wird, weil irgendjemand in der Firma an ihr hängt und sie Leute in den Laden lockt. Die großen, landesweit bekannten Geschäfte, so heißt es, zittern dem Bankrott entgegen, erholen sich und steuern erneut in Richtung Konkurs. Ich weiß nicht, ob diese Geschichten stimmen, doch mittlerweile weiß ich immerhin, dass sie stimmen könnten. In den vergangenen fünf Jahren habe ich mit Buchhändlern aus dem ganzen Land gesprochen und erfahren, dass sie ihr Geld mit Büromöbeln, Grammophonen, Spielsachen und Schreibwaren verdienen. Manche leben von ihren Geldanlagen oder vom Vermögen ihrer Frau und dem befriedigenden Gefühl, das der Verkauf eines Buches vielen einfachen und anscheinend sehr gewissenhaften Menschen verschafft.

Was die ersten Wochen angeht, ist der Laden in meiner Erinnerung untrennbar verbunden mit abendlichen Tischgesellschaften und so mancher Strategiesitzung beim Tee, mit Leseexemplaren, Perserkatzen und kleinen Töchtern, die man mitbrachte, damit ich sah, wie groß sie geworden waren und wie schön sie knicksen konnten. Katherine Anthony und Elizabeth Irwin nahmen die Idee begeistert auf, als ich sie ihnen eines Nachmittags atemlos präsentierte, und spielten sich gegenseitig die Gedankenbälle zu. Sie spornten mich an und baten mich, was auch immer ich tat, den Laden nicht »Ye Little Bookie Shoppie« zu nennen. Clara Taylor, diese gescheite Person, sah bereits alles vor sich und unterstützte uns in jeder Form. Die Taylors verbrachten jenen Winter im alten Perrine-Haus auf Staten Island. Immer wieder fuhr ich dorthin, und dann redeten wir bis Mitternacht, während Harry Taylor über der letzten Glut im Ofen Pilze briet. Später ging ich nach oben und träumte in einem alten Schlafzimmer, unter dessen niedriger Decke ich nur ohne Hut aufrecht stehen konnte und wo man sich beim Gehen über den unebenen Fußboden auf hoher See wähnte.

In diesen ersten Tagen, als die Pläne noch nicht ausgereift waren und unser Laden lediglich auf dem Papier existierte, stellten wir ein paar zaghafte Berechnungen an. Eines Abends legten wir mithilfe eines jungen Mannes, der Teilhaber von »The Little Bookshop Around the Corner« gewesen war, alles fein säuberlich und für uns überzeugend zurecht. Im Allgemeinen heißt es, dass eine Buchhandlung, um zu überleben, im Jahr 20 000 Dollar umsetzen muss. Der Verlegerausschuss, der etliche pleite gegangene Buchhandlungen wieder zum Leben erweckt hat, nennt diese Summe als wünschenswertes Minimum.

An diesem Abend sagten wir uns, dass ein Kunsthändler nur zehn Kunden braucht, die pro Jahr für je 2 000 Dollar einkaufen, um sich über Wasser zu halten, und dass wir mit fünfzig Kunden, von denen jeder jährlich Bücher im Wert von 500 Dollar kaufte, auf der sicheren Seite wären. Ich hegte nicht den geringsten Zweifel daran, dass wir so viele Kunden finden würden. Seitdem musste ich jedoch einsehen, dass es – von Sammlern abgesehen – nur sehr wenige Leute gibt, die 500 Dollar im Jahr für Bücher ausgeben. Nach vier Jahren hatten wir 750 feste Kundenkonten, die sich im Durchschnitt auf 15 Dollar im Jahr beliefen. Nur zwei Kunden kauften für mehr als 500 Dollar im Jahr ein. Über den Buchhandel gibt es keine Statistiken, aber jemand, der es besser wissen muss als die meisten anderen, Earnest Elmo Calkins, meinte, es gebe in den gesamten Vereinigten Staaten lediglich zweihunderttausend Buchkäufer. Calkins, der die Lage eingehend studiert hat, fand heraus, dass jeder Amerikaner im Jahr durchschnittlich ein Fünftel Buch kauft.

Wenn wir Bücher im Wert von 20 000 Dollar im Jahr verkaufen mussten, machte das sechzig Bücher am Tag. Sicher würden wir das schaffen. Schließlich versuchten wir, die laufenden Geschäftskosten pro Monat zu berechnen. Das sah ungefähr so aus:

Miete	100 Dollar
Sekretärin	60 Dollar
Ladengehilfe	32 Dollar
Telefon	10 Dollar
Schreibwaren und Sonstiges	48 Dollar
	250 Dollar
x 12 Monate =	3 000 Dollar

Unser eigenes Gehalt schätzten wir auf jeweils 125 Dollar im Monat. Mit weniger meinten wir nicht auskommen zu können. Doch außer im ersten Monat zahlten wir es uns nie aus. Für die Grundausstattung rechneten wir 1 500 Dollar. Unser vorgesehenes Budget für das erste Jahr betrug somit 7 500 Dollar.

Angesichts dieser Bedingungen konnten wir grob gerechnet einen Gewinn in Höhe eines Drittels von jedem verkauften Buch erwarten. Setzten wir ein Buch mit durchschnittlich 1,50 Dollar an, machten wir bei jedem einen Gewinn von 50 Cents. Unter einem enormen Papierverbrauch kamen wir zu dem Ergebnis, dass wir täglich 46 Bücher mit je einem Drittel Gewinn verkaufen mussten.

»Unglaublich, dass ich 46 Bücher am Tag kaufen muss, bis sich der Laden rentiert«, staunte eine unserer Aktionärinnen, während sie einen Stuhl blau und orange lackierte. Diese Zahlen gingen uns allen lange nach.

Zwei Monate später war unsere Buchhandlung eröffnet. Wir hatten eine Aktiengesellschaft gegründet, das Ladenlokal gefunden, zwei Wände herausgerissen, eigenhändig die Regale gebaut, Briefpapier, Firmensignet, Werbeanzeigen und Etiketten entworfen, hatten uns für einen Namen und die Farbgebung des Raums entschieden und originelle Geschenkverpackungen ersonnen. Zudem hatten wir 7 000 Werbebriefe frankiert, adressiert und aufgegeben sowie Michael eingestellt. Der ganze Raum stand voller Kisten mit Büchern, und beim Auspacken verteilten wir das Stroh über den ganzen Boden, während Frank Bruce vom Verlag Houghton Mifflin in einer Ecke Linoleum verlegte, weil er beim Betreten des Ladens Frauen angetroffen hatte, die Linoleum auf eine Weise verlegten, wie Linoleum keinesfalls verlegt werden sollte.

Dann begannen wir Bücher zu verkaufen. In der Wand war ein Luftloch, durch das eine angenehme Frühlingsbrise hereinkam, und wir legten los – nicht etwa, weil wir fertig gewesen wären, sondern weil eine in schwarzen Samt gehüllte Dame hereinkam und erklärte, sie werde am nächsten Tag mit Grippe im Bett liegen, und dazu brauche sie ein Buch.

Die richtigen Räume zu finden war die erste Großtat gewesen. Sowohl mir als auch meiner Partnerin waren Orte wichtig. Jeden Morgen Anfang Februar ging ich unmittelbar nach dem Frühstück los und machte mich auf die Suche. Es herrschte nasskaltes Februarwetter, das einen bis auf die Knochen frösteln ließ, und wenn ich abends nach Hause kam, war ich so müde, dass ich mich fühlte wie ein alter Elefant, der nur noch mit einem Ohr wedeln kann, und so hungrig, dass ich einen Verleger hätte fressen können. Ich durchkämmte jeden Quadratmeter östlich der Fifth Avenue sowie sämtliche Querstraßen von der sechsundzwanzigsten bis zur neunundfünfzigsten Straße.

Die Eastside ist die richtige Seite, und genau wie alle anderen Nonkonformisten legten wir Wert auf die richtige Wahl. Wir stellten uns ein kleines Hinterhaus oder einen ehemaligen Stall vor. Wir waren der irrigen Annahme, dass Leute mit einer Vision keine Miete zahlen müssten, und schwelgten in Erinnerungen an die Rue du Chat-Qui-Pêche und ähnliche Gegenden in Paris mit dieser unverfälschten Romantik.

Schnell hatte ich es aufgegeben, Immobilienmakler mit der Suche zu beauftragen, da sie einfach nicht begriffen, was wir wollten, und es daher natürlich auch nicht finden konnten. Zwei Wochen lang jagte ich hinter einem alten Haus her, das mir einmal jemand beschrieben hatte und das sich hinter einem der Speicherhäuser in der Straße der Seidenhändler befinden sollte. Zuerst war ich gar nicht auf die Idee gekommen, ein Gebäude hinter einem Speicherhaus haben zu wollen, doch nun wollte ich es. Man soll nie etwas vergessen. Immer wieder tauchte es vor mir auf, um wieder zu verschwinden, wie die Rückleuchte eines Autos auf einer Landstraße.

Damals gab es in New York noch viele schöne alte Büchereien und Speiselokale aus der Zeit, in der sich der Geschäftsbezirk bis ans untere Ende der Avenue ausdehnte. Von ihren Fenstern aus sah man auf gepflasterte Gärten und alte Bäume, jedoch erschien uns auch unter Aufbietung unserer gesamten Vorstellungskraft kein einziger dieser Räume brauchbar, zumal die Miete grundsätzlich zu hoch war.

Eine Zeit lang interessierten wir uns für mehrere Räume im berühmten Haus Nummer 291, das durch Alfred Stieglitz und die Photo Secession Gallery in die amerikanische Kunstgeschichte eingegangen ist. Es handelte sich um Küche und Waschküche eines schönen Stadthauses, das einst bessere Tage gesehen hatte, ehe die Räume Mary Elizabeths Süßwarenladen zugeschlagen wurden. Nun lagen sie hinter einem Laden für Billigkunst, wo zwei junge Bayern die grässlichsten Reproduktionen alter Meister und japanischer Drucke verkauften. Es gab ein paar kreuz und quer angeordnete Zimmer mit einem großen Kamin und einer kleinen, nachträglich angebauten Waschküche, die wir als winzige Galerie für Ausstellungen hätten nutzen können. Die Fenster gingen auf den Hof hinaus, an dessen Ende sich eine Steinmauer befand, mit Haken zum Aufhängen von Skulpturen, und eine schiefe alte Treppe, die zu einer Tür führte, aus der garantiert eines Abends ein Mann treten würde, der seinen Federhut bis zu den Hacken schwenkt und einem seinen Arm anbietet. Alles stimmte, bis auf die Besitzer, die es trotz aller Schmeicheleien ablehnten, uns den kleinen Korridor zu überlassen, der zu dieser chaotischen und doch faszinierenden Ansammlung von Räumen führte. Sie waren eine Erbengemeinschaft und eine harte Nuss. Am Tag danach wurde ich schließlich fündig.

Ich steckte meinen Schirm in einen Spalt im Pflaster, um mich zu stützen, während mein Blick alles aufzunehmen suchte. An diesem Nachmittag waren wir alle versammelt – Mary mit ihrem Mann und dem Sprössling sowie zwei begeisterte Freunde und ich – und betonten um die Wette, dass wir unsere Seelenheimat gefunden hatten. Es war unglaublich. Ja, es war nicht zu fassen – wie ein Traum nach der Lektüre von *Tristram Shandy,* doch hier stand alles greifbar vor uns und sah aus wie ein besonders nettes Spielzeug, das nur noch in Gang gesetzt werden musste. Es passte so genau zu unserem Konzept, dass man nicht wusste, ob es für unser Konzept gemacht war oder umgekehrt.

Es gab ein kleines, hervorstehendes Bogenfenster mit Butzenscheiben und einem Sims für Topfblumen sowie eine schöne, breite alte Tür mit dicken Engeln, die unter dem jakobinischen Firstbalken ihre Backen aufbliesen, und darüber erhob sich ein auskragendes Ziegeldach. All das war errichtet worden, als die Einunddreißigste Straße die feinste Lage im New Yorker Geschäftsviertel war. Ich weiß noch gut, wie ich mir dort Radierungen von Whistler angesehen habe, als ich vor zwanzig Jahren frisch vom College nach New York kam. Jetzt war es die Werkstatt eines Antiquitätengeschäfts an der Fifth Avenue: verwittert, farblos und abseits der schicken Einkaufsgegend. Doch wir sahen sofort, was man mit ein bisschen Orange und weißem Lack auf den Fensterrahmen ausrichten konnte. Es gab einen Kamin, einen Garten, ein Buntglasfenster aus den 1880er Jahren – hübsch, wenn man so etwas mag – und eine zweiflügelige, quer geteilte Tür.

Es ist sentimental, und sentimental zu sein ist lebensgefährlich, doch zu bestimmten Orten stellt man eben eine solche Verbindung her. Ich verliebte mich auf den ersten Blick in die Räume, und meine Liebe hat nie aufgehört. Manchmal, wenn ich nach dem Abendessen noch einmal in den Laden ging, legte ich mich eine Weile auf die Ruhebank, ehe ich mich wieder an die Arbeit machte oder ausging. Ich ließ den Raum auf mich wirken, während sich die

Ruhe über die kleine, abgelegene Straße senkte, bis ich mit der Zeit jeden Winkel kannte. Alles war schief, aber solide und anders als das, was man sonst in New Yorker Wohnungen findet, einschließlich der Raumproportionen. Es kommt selten vor, dass die Proportionen eines Raums stimmig und ausgewogen sind. Sie stimmen im Dom von Florenz, und sie stimmten in unserem ersten Laden.

Am nächsten Morgen unterschrieben wir den Mietvertrag. Die beiden Vermieter im Antiquitätengeschäft betrachteten uns mit gutmütiger Altväterlichkeit. Sie behandelten uns, als wären wir junge Hunde, denen man ein Dach über dem Kopf gewähren muss. Der eine war etwas mollig, sanft und von seinem Charme überzeugt, und ich wette, dass er hin und wieder eine Romanze hatte. Der andere erwies sich als Exzentriker mit aufbrausendem Wesen und einer Stimme, die die kleinen Objekte auf den Chippendale-Tischen klirren ließ, wenn er laut wurde. Dieser Shakespeare'sche Schießpulver-Percy funkelte einen beim Vorübergehen böse an, als würde er regelmäßig noch vor dem Frühstück seine sechs oder sieben Dutzend Schotten meucheln. Doch war er nicht im geringsten bösartig, wenn man vor ihm die Karten auf den Tisch legte und offen sagte, was man wollte. Ihn schlossen wir besonders ins Herz. Er hatte etwas Zupackendes und Kraftvolles an sich, und was er uns versprach, das hielt er auch.

Die Miete sollte von Oktober bis Mai 75 Dollar und in den vier Sommermonaten, wenn wir mit völliger Flaute rechnen mussten, 50 Dollar betragen. Wir fingen im Frühling an, obwohl wir wussten, dass im Sommer das Geschäft am schlechtesten lief, weil wir uns ein bisschen einarbeiten wollten, ehe das Weihnachtsgeschäft über uns hereinbrach. Die Miete war unfassbar niedrig. Ich glaube, dass das mehr als alles andere unserem Unternehmen zum Durchbruch verhalf, und falls Verleger Buchhändler überhaupt respektieren, dann war es das, was uns bei ihnen Respekt verschaffte. Jeder, der davon hörte, machte große Augen. Dabei war es nichts als die reine Freundlichkeit, die uns zu Räumen verhalf, die praktisch direkt auf der Fifth Avenue lagen. Unsere Vermieter gesellten sich zu dem Reigen unserer Unterstützer wie so viele Menschen nach ihnen.

2. Kapitel

Nachdem zwei Wände herausgerissen worden waren, entstand ein schlichter, kleiner Raum. Mary, ihr Mann und Howard Coluzzi bauten die Regale. Ich klapperte unterdessen alle möglichen mir bisher unbekannten exotischen Läden ab, wo es nach Kaffee roch oder wo wirbelnde Bänder und Seilrollen herumhingen und es eine bestimmte Kordel oder Rohseide oder ein ausgefallenes Papier gab, das wir haben wollten. Wenn ich zurückkam, setzten wir uns zu einem improvisierten Mittagessen auf Holzstöße, während der Samowar immer wieder Dampfwölkchen in die eisige Luft blies. Bald stellte sich heraus, dass eine Buchhandlung der kälteste Ort der Erde sein kann. Im Sommer war der Laden eine Höhle und im Winter eine Gruft. Dann rettete uns nur ein knisterndes Feuer, und auch das schien manchmal bloß an die Wand gemalt zu sein.

Der Raum sollte aussehen wie ein Ort, an dem man gerne liest. Wir wollten alles wie im richtigen Leben machen, deshalb sollte auch alles lebensecht wirken. Von Kipling gibt es eine Geschichte über die erste Höhlenfrau. Als ihr der Herr ihre erste Höhle zeigte, fegte sie sie aus, legte einen Fußabstreifer vor den Eingang und sagte: »Von jetzt an, mein Lieber, streifst du dir die Füße ab, ehe du hereinkommst. Das hier soll nämlich unser Zuhause sein.«

Die abweisenden Lagerräume, in denen Männer ihre Geschäfte tätigen, erschienen uns für den Verkauf von Büchern psychologisch ungeeignet. Wenn wir neben unseren Büchern auch die Inspiration zur Lesefreude verkaufen mussten, so wollten wir das gerne tun.

Seit der großen Postimpressionisten-Ausstellung 1915 hatten wir viel über Farbe gesprochen und nachgedacht. Der Theorie einer kleinen Gruppe zufolge, der meine Partnerin Mary angehörte, sollte ein Raum auf einem ganzen Spektrum aufbauen – demzufolge lässt ein Farbakkord einen Raum lebendiger, abgerundeter und entspannter wirken als zwei oder drei Kontrastfarben. Es hat schon viele interessante Farbexperimente gegeben, und einer unserer größten Künstler hat beim Malen sogar eine Beethoven-Partitur neben sich auf den Boden gelegt. Unser Laden war landesweit der erste mit einer derart gewagten Farbgebung – noch bevor die Washington Square Players und andere New Yorks Gesicht von Grund auf verändert haben. Arthur Davies hat uns den Akkord entworfen und ihn im Raum umgesetzt. Orange soll ja die verkaufsförderndste Farbe sein, also waren unsere Wände in einem flammenden Orange gestrichen. Dazu gesellten sich all die anderen Farben, die er für uns auswählte. Sie wanden sich um Fenster herum, an Holzleisten hinauf und hinab und über den Fußboden. Es war, als hätte man »den Leuten einen Topf Farbe ins Gesicht geschleudert«, und unser freundlicher kleiner Laden machte auf der Stelle Furore. Man bat uns, eine Wohnung am Riverside Drive, ein Café an der Columbia-Universität, ein Hotelzimmer und eine Reihe anderer Dinge zu gestalten, an die wir nicht im Traum gedacht hätten. Wir machten so einiges, woran wir vorher nicht im Traum gedacht hätten.

Ich fand es immer interessant, wie der Raum auf Menschen wirkte. Einmal wurde eine ältere Dame aus Neuengland mit typischem Vermonter Blick von ihrer Tochter hereingebracht, damit sie bei dem Anblick erschrecken sollte. Sie faltete die Hände über ihrem kleinen runden Bauch und sah sich um. »Ach, wie beruhigend«, sagte sie.

Ein andermal kam ein demokratischer Politiker mit in den Nacken geschobenem Bowlerhut und hoch aus dem Mund ragender Zigarre, der seiner Bewunderung in ganz eigenen Begriffen Ausdruck verlieh. »Mann, wie in der Kneipe«, sagte er zu seinem Begleiter, und dabei sah man ihm die Hochachtung regelrecht an.

Eine der vielen Krisen, die wir irgendwie durchstehen mussten, war die Namensfindung. Ein Name birgt Sünde und Tugend. Wir wollten einen Namen, der etwas bedeutete. Alles sollte bedeutungsvoll sein. Etliche mehr oder weniger unausgegorene Vorschläge wurden uns offeriert. Carl Zigrosser schlug »Here

Are Ladies« vor. Meine Partnerin berichtete mir eines Tages, dass Amy Murray im gälischen Umfeld auf den Namen »The Sunwise Turn« (»Mit dem Lauf der Sonne«) gestoßen sei.

»Sie machen hier alles ›daesal‹ – mit dem Lauf der Sonne«, hatte Pater Allen ihr über die Leute von Eriskay erzählt, »denn sie glauben, dass es vorteilhaft ist, dem Lauf der Sonne zu folgen. Der Lauf der Sonne bringt Glück.«

Das entsprach unseren Hoffnungen bis aufs i-Tüpfelchen! Es ist ein uraltes Erbe der menschlichen Natur, eine der elementaren Empfindungen primitiven Lebens, dass man sämtliche wohltuenden und schöpferischen Kräfte der Erde auf sich zieht, wenn man sich am Lauf der Sonne orientiert. James George Frazer hat den Mythen vom Lauf der Sonne mit *Der goldene Zweig* ein ganzes Buch gewidmet. Der Schlüssel dreht sich mit der Sonne, die Schraube dreht sich mit der Sonne, die Uhr geht mit der Sonne. Karten werden mit dem Lauf der Sonne gegeben. Der Gäle reichte den Pokal mit dem Lauf der Sonne an der Festtafel weiter, ebenso wie er den Ehering und geliehenes Geld mit dem Lauf der Sonne übergab. Ein alter Schiffskapitän, der einmal in den Laden kam, erzählte mir, dass Wind und Wetter mit der Sonne wandern, und einmal, als ich Behrens, unseren schwedischen Bauherrn, herbat, um mit ihm über den Heizofen zu sprechen, meinte er: »Eigentlich müsste er in der anderen Ecke des Hauses stehen, Ma'am. Ich platziere meine Heizöfen normalerweise immer an die Nordseite. Die Wärme geht mit der Sonne.« Genau das waren seine Worte.

Irgendwie schien es mir aber kein Name für einen Laden zu sein, sondern eher der Titel einer Kurzgeschichte im *Atlantic* oder ein skurriles Haus, auf das man hinter einer Kurve auf einer abgelegenen Straße stößt. Doch die Bedeutung gefiel mir, und das ist es schließlich, woran wir uns orientieren. Wir wollten auf modernere und kultiviertere Art Bücher verkaufen, als es bisher üblich war, und sie, falls es in unserer Macht stand, in den Strom des schöpferischen Lebens unserer Generation einfließen lassen. Und so wurden wir:

THE SUNWISE TURN
A MODERN BOOKSHOP

Die Geschäftswelt schielte auf diesen Namen und erklärte ihn für unmöglich. Man nannte uns »The Surprise Town Boot Shop« oder »The Unwise Turn Bookshop«. Eine tollkühne Stenotypistin, die man offenbar aufs Branchenbuch losgelassen hatte, schrieb uns als »The Sunwise Furn. Co.« an und erkundigte sich, ob man bei uns günstige Teppiche zu Großhandelspreisen bekäme. Wir erhielten Briefe mit der Anrede »Mein lieber Mr. Turn«, »S. Turn Esq.: Sehr geehrter Herr« und »Lieber zuständiger Sonnenstrahl«.

»Wissen Sie, Miss Jenison«, sagte Michael, nachdem er den Namen ein paar Tage lang naserümpfend betrachtet hatte, »ich glaube, ich mache hier nebenan einen Teesalon auf und nenne ihn ›The Likewise Turn‹«.

Nachdem wir den Namen hatten, begannen wir damit, Bücher anzuschaffen – anfangs sehr vorsichtig. Bei unserer ersten Bestellung kauften wir alles, was uns gefiel, und alles, dem wir viele Leser wünschten. Nachdem wir die Kisten ausgepackt hatten, stellten wir entsetzt fest, dass unsere Regale nur zur Hälfte gefüllt waren. Zu diesem ersten Kauf gehörten hundert Exemplare von *Hunting Indians in a Taxicab*. Das Buch handelte von einer Frau, die Zigarrenladenindianer sammelte, wie sie Mitte des 19. Jahrhunderts vor kleinen Zeitungs-, Schreibwaren- und Tabakläden standen. Man stieß nur alle Jubeljahre einmal auf ein neues Modell, und dann schnappte man sich ein Taxi und brachte das Exemplar schleunigst in seine Galerie. Mary und ich sahen schon vor uns, wie wir dieses Buch massenhaft verkauften, denn es begeisterte uns bis zum letzten Satz. Es war eine Restauflage, und wir bekamen die hundert Stück für 10 Cents pro Exemplar. Für 1 Dollar pro Stück wollten wir sie wieder verkaufen. Es wurde zu einer schweren Schmach. Die Indianerjagd geriet zur Lachnummer des Ladens, und wir hefteten jedem einen Orden an die Brust, der ein Exemplar davon losschlug. Wir hatten unseren Laden aufgemacht, um Clive Bells *Kunst* zu verkaufen, und erstanden auf einen Schlag den gesamten Lagerbestand des Verlags.

Nach und nach trafen wunderbare Skulpturen, Textilien und Bilder ein. Wir wollten ein paar davon dauerhaft in wohnlicher Umgebung ausstellen, sie dann wieder abnehmen und neue zeigen. Sobald man Bücher als ein Stück Leben betrachtet, verbinden sie sich mit Kunstwerken. Sieht man sie hingegen als reine Handelsware, dann passen sie eher zu Schreibwaren. Das meiste, was wir in unser Sortiment aufnahmen, war eher revolutionär angehaucht.

Über dem Kamin hing lange Zeit ein Bild, das Michael immer »Japanerin, die ihr Essen in den Fluss wirft« nannte. Unzählige Leute haben sich vor dem Bild verrenkt und gefragt, was es darstellen solle. Wir dachten uns alle möglichen Erklärungen aus. Eines Morgens gelang mir eine ganz ordentliche mystische Rhapsodie über die sieben Hügel Jerusalems im Hintergrund. Doch es gab einen bemerkenswerten Fall, und zwar eine unkonventionelle Frau in einem engen Wollkostüm. Sie betrachtete eine Zeit lang nachdenklich die »Japanerin, die ihr Essen in den Fluss wirft«, ehe auch sie fragte: »Und was soll das darstellen?« Während sie aufmerksam unserer Erklärung lauschte, ließ sie den Blick durch den Raum schweifen. Dort fanden sich drei antike Radschput-Miniaturen, eine archaische griechische Maske, mehrere Batik-Wandbehänge, antike und ultramoderne Skulpturen, Bilder von verschiedenen Malern, eine ungelenke Zeichnung von irgendjemandes Großmutter, eine Hopi-Schale, einige afrikanische Fliesen, ein paar von Mrs. Zorachs Stickereien und ein großer Inness, den eine Freundin uns für sie zu verkaufen gebeten hatte. »Er macht wirklich alles Mögliche, nicht wahr?«, rief sie aus.

Man hätte den Laden nur ein bisschen aufräumen müssen, schon hätte man im Handumdrehen dort Tee servieren können. Eines Tages, etwa einen Monat nach der Eröffnung, als mir beim Gedanken daran, dass ich die Hälfte einer Buchhandlung besaß, immer noch so flau wurde, dass ich fürchtete, mich setzen und mir frische Luft zufächeln zu müssen, ging ich zu Scribner's, um in der Verlagsabteilung eine Bestellung abzugeben. Hinterher hielt ich mich eine Weile im Buchladen auf, um zuzusehen, wie man dort Bücher verkaufte. Schlagartig war dies zum brennendsten Problem der ganzen Welt für mich geworden. Abgrundtiefe Verzweiflung befiel mich, als ich in dem hohen, eleganten Geschäft um die Tische streifte.

»Damit können wir niemals konkurrieren«, dachte ich. »Niemals auf der Welt – niemals – niemals – niemals.« Es war so groß, so sauber, die Leute wirkten so kompetent, so erfahren und so selbstsicher. Beim Gedanken an unseren kleinen improvisierten Laden, der sich frech in die hochentwickelte Geschäftsmaschinerie eingeschlichen hatte, ergriff mich urplötz-

lich das Gefühl, tot umzufallen, wenn ich nicht sofort
etwas zu essen bekäme. Ich blieb noch eine Weile, ehe
mich ein Frösteln befiel. Alles schien so weit weg – als
wäre es unmöglich, dort irgendwelche leidenschaftlichen Gefühle zu entwickeln, ja überhaupt Bücher
besonders zu mögen. Als ich in unseren Laden zurückkehrte, war an einem Tischbein ein Hund angebun-
den. Im Kamin brannte ein schwaches Feuer, und das
gebrochene Sonnenlicht, das durch die kleinen Spros-
senfenster fiel, lag ruhig auf den Wänden, während an
den Regalen lesende Leute lehnten und andere sich
am großen Tisch leise unterhielten. Die ganze Atmosphäre hatte etwas sehr Lebendiges und Inspirieren-
des, das man weder kaufen noch verkaufen kann, und
da wusste ich, dass wir unser begonnenes Werk fort-
führen mussten.

Gelegentlich kamen Frauen zu uns, die abends
zwischen einem Goldfischglas und einem Schwert-
farn in einer Kleinstadt saßen und auch einen Laden
aufmachen wollten. »Aber wir haben nicht so viel
Geschmack wie Sie«, klagten sie manchmal und sahen
wehmütig drein. Doch es war nicht der Geschmack,
der unseren Laden zu dem machte, was diese Frauen
ansprach. Selbst wenn ein Objekt nicht schön ist,
kann es ein lebendiges Kunstwerk sein, wenn es auf
menschlicher Erfahrung beruht. Etwas so zu tun, wie
es niemand sonst hätte tun können – wenn man das
aus sich herausholen kann –, das ist Stil. Schönheit ist

das eine, aber ich glaube mittlerweile, dass Authentizität wichtiger ist. Jeder Raum, jedes Schaufenster und jeder Werbebrief, der offen und ehrlich einer flammenden Überzeugung entspringt statt dem hinlänglich bekannten Repertoire und dem, was alle anderen tun und denken, birgt einen Zauber. Es gibt keinen größeren Zauber als das Leben. Das Problem in der Geschäftswelt ist nur, dass Läden, Schaufenster und Korrespondenz nicht auf diese Weise behandelt werden.

Ich erinnere mich an einen Sonntagnachmittag, an dem John Adams auf dem Fußboden lag und ein herrliches Schild für uns malte. Henry Fitch Taylor, der Präsident der Vereinigung amerikanischer Maler und Bildhauer, malte das zweite. Ich glaube, diese Schilder gefielen uns mehr als alles andere in diesen Wochen der Vorbereitung, abgesehen von unserem Namen. Wir mussten uns vom Straßenverkehrsamt, von der Polizei, von den Hausbesitzern und von den Männern, deren Untermieter wir waren, eine Genehmigung geben lassen, ehe wir die Schilder aufhängen durften. Anhand der Schilder lernten wir, was es heißt, wenn die staatliche Ordnung auf private Initiativen übergreift. Außerdem erfuhren wir die Macht der feministischen Bewegung. An dem Morgen, als die Männer kamen, die unsere Schilder aufhängen sollten, brachten sie zuerst die Verankerung und die Drähte an, ehe ihr Gehilfe hereinkam und uns mitteilte, dass der Verkehrspolizist an der Ecke ihm mit Festnahme gedroht habe, falls er weitermachte.

»Aber warum denn?«, fragte ich.

Er schüttelte den Kopf und vermittelte auf diese Weise, dass es nicht seine Aufgabe war, das Verhalten von Polizisten zu erklären. Seine Aufgabe war es, Schilder aufzuhängen, weiter nichts. Vielleicht hing es nicht hoch genug oder ragte zu weit in die Straße hinaus, mutmaßte er, ehe er sich setzte und angestrengt in eine Richtung blickte wie ein Kapitän, der den Horizont absucht oder auf seine Kutsche wartet, die ihn zu Pier 49 bringt, damit er nach Hongkong auslaufen kann. Ich hatte sämtliche Auflagen der Stadtverwaltung erfüllt und sagte dem Jungen, er solle weitermachen. Doch er weigerte sich, er habe keine Lust auf einen Tag im Gefängnis. Ganz eindeutig zählte er nicht zu jenen, die sich wider ihr eigenes Urteil umstimmen lassen. Ich rief im Straßenverkehrsamt an, wo man sich an die Genehmigung erinnerte und mir versicherte, man werde sofort einen Inspektor schicken. Alles war also im gesetzlichen Rahmen. Der Vormittag zog ins Land, doch der Inspektor kam nicht. Und wir bezahlten den Jungen nach Stunden! Ich konsultierte die Männer im Antiquitätengeschäft, unsere Berater in allen kritischen Lebenslagen.

»Mit dem Verkehrspolizisten würde ich mich nicht anlegen. Der kann Ihnen eine Menge Ärger bescheren«, erklärten sie nachdenklich, während wir hinaussahen und den temperamentvollen jungen Iren betrachteten, der mit fürstlichem Gebaren Lieferjungen in alle vier Himmelsrichtungen schickte. Doch etwas musste unternommen werden, und so ging ich hinaus, um mit diesem störrischen Esel zu reden. Während ich ihm die Lage schilderte, musterte er mich mit halb geschlossenen Augen und einem so außergewöhnlichen Gesichtsausdruck, dass ich nach einer Weile nur zurückstarren konnte, nachdem ich vergeblich versucht hatte, zu irgendeiner Einigung zu gelangen.

»Das Schild hängt zu tief«, schnaubte er in aller Ruhe und durchbohrte mich weiter mit seinem Preisboxerblick.

»Wie können Sie so etwas behaupten?«, erwiderte ich, schlagartig wütend geworden. »Wie können Sie so etwas behaupten, wenn ich bei einem einzigen Blick in diese Straße Schilder sehe, die genauso tief hängen und fast genauso weit in die Straße hinausragen?«

»Seltsam, was?«, höhnte er, bis ich so richtig munter wurde. Ich erwiderte noch einmal unerschrocken seinen Blick und setzte zu einer flammenden Suffragettenrede an – ganz exklusiv für ihn allein, mitten auf der Fifth Avenue.

»Jetzt will ich Ihnen mal etwas sagen«, legte ich los. »Die New Yorker Polizei kann sich fast überall einmischen – in der Geschäftswelt, in der Unterwelt, im Brücken- und Straßenbau, in der Presse und beim

Aufhängen von Schildern. Aber wenn Sie sich mit der Frauenbewegung anlegen wollen, haben Sie sich den falschen Gegner ausgesucht. Ich bin zwar momentan beschäftigt, aber ich bekomme ohne weiteres Polizeichef Woods zu sprechen, und im Notfall brauche ich nur zwei Tage, um Ihnen klar zu machen, dass mittlerweile Frauen in der Politik etwas zu sagen haben. Haben Sie politische Freunde aus Bundesstaaten, wo es das Frauenwahlrecht bereits gibt? Dann empfehle ich Ihnen, sie anzurufen und noch vor drei Uhr dem Straßenverkehrsamt Bescheid zu geben, es sei denn, Sie wollen ein neues Leben anfangen. Ich sage meinem Helfer, dass er bis dahin wiederkommen soll. Und dann möchte ich, dass er das Schild aufhängt.«

Als ich um halb drei anrief, sagten sie, sie hätten deshalb keinen Inspektor geschickt, weil der Polizist gemeldet habe, dass wir alle Anforderungen erfüllt hätten. Und dabei hatte ich nicht einmal einen Scheck ausstellen müssen.

Wir verloren unseren Garten. Er hätte ein blaues Fleckchen mit klarem Wasser werden sollen, in dem sich die Wolken spiegeln und an dessen Rand die Vögel trinken; mit einer Marmorbank und einer Skulptur, mit Leuten, die im lichten Schatten unter dem alten Götterbaum lesen oder auf dem Plattenweg hin und her schlendern und über die letzten Dinge sprechen. Doch die armenischen Teppichhändler und die nervöse Modistin, deren Hintertüren auf das Gartendreieck hinausgingen, legten sich quer, und wir mussten uns geschlagen geben. Die armenischen Teppichhändler schickten uns einen Anwalt, der erklärte, er wisse ja nicht, was wir da draußen vorhätten – womöglich würden wir einen Mietstall aufmachen. Ich fragte ihn, ob wir wie Leute aussähen, die einen Mietstall aufmachen, und er bejahte. Die Modistin war noch überzeugender. Sie war eine große, schlaksige, rotgesichtige Frau, die hinter ihrem Taschentuchladen wohnte. Sie weinte und sagte, dieses Viereck aus Gras und Baum sei das Einzige, woran ihr im Leben etwas liege, und wenn wir ihr das wegnähmen, wolle sie nicht mehr leben. Sie erzählte uns, es gebe Ratten im Garten.

Wir mussten das Loch verschließen, das die Maurer bereits in die Wand geschlagen hatten. Eines Morgens, etwa ein Jahr später, fand man die Modistin tot auf der Couch in dem kleinen Zimmer hinter ihrem Laden. Der Gashahn war voll aufgedreht. Die Polizei behauptete, sie habe Kaffee aufgesetzt, ehe sie sich hingelegt habe und eingeschlafen sei, sodass der Kaffee überkochte und die Gasflamme löschte. Die Polizei kennt sich mit solchen Fällen bestimmt gut aus, doch ich bin froh, dass wir ihr für die Tage vor ihrem Tod ihren rauschenden Baum gelassen haben.

Es war eine wunderliche Gegend – ganz anders als alles, womit wir bisher zu tun gehabt hatten. Auktionshäuser, Zwei-Penny-Knopf- und Plissieranstalten, zwei kleinere Hotels, die Packräume großer Fifth-Avenue-Geschäfte, vor denen die Lieferjungen um die Mittagszeit auf dem Gehsteig würfelten, billige Lokale, in denen wir zwischen Taxifahrern und Botenjungen schnelle Mittagsmahlzeiten verdrückten, wobei die Bratäpfel und der Kartoffelsalat in solchen Lokalen immer sehr gut waren. Das war unsere kleine Straße. Im Antiquitätengeschäft hatten sie einen triefäugigen Angestellten, einen dieser Elenden wie aus Shakespeares *Heinrich IV.*, »dessen vom Fieber geschwächte Gelenke, wie losgerissne Angeln, unter der Gewalt des Lebens wanken«.

Er lehnte eigentlich immer am Türpfosten, und an einem trägen Sommernachmittag brachten wir ihn dazu, uns seine traurige und höchst ungewöhnliche Geschichte zu erzählen – in der es um Frauen ging. Es gab einen soliden alten Immobilienspekulanten aus Deutschland, ehrlich wie ein Zollstock, der stets darum kämpfte, die Bäume im Viertel zu erhalten, und einen kleinen jüdischen Auktionator mit einem *savoir faire,* das keine Hochnäsigkeit erschüttern konnte. Er wusste alle möglichen seltsamen Geschichten aus seiner Branche, die er freimütig zum Besten gab, wenn er sich abends in einem Lokal mit gelassener Selbstzufriedenheit zu einem an den Tisch setzte.

So sah die Kameradschaft in unserem Viertel aus, in die wir allmählich hineinwuchsen. Fast alle waren sie Proleten, und wir fanden bei ihnen die Freundlichkeit und die erstickten Schreie, die für ihresgleichen typisch sind. Vielleicht ist es im Yale Club gar nicht so viel anders, außer dass die Leute dort über mehr Saiten verfügen, auf denen sie ihre kleinen Melodien spielen können. Jedenfalls erschien uns alles völlig neu, fremd und wie im Traum. Die gesamte Geschäftswelt stürmte auf mich ein, als hätte man einen Vorhang vor meinen Augen weggezogen, und immer wenn ich an großen Bürogebäuden und Lagerhäusern vorbei-kam, hatte ich das Gefühl, als höben sich plötzlich die Dächer und ein bisher unbekannter Lebensbereich stünde zum ersten Mal unverhüllt vor mir.

3. Kapitel

Noch nie hatte ich mich so schnell auf etwas so Unge-
heuerliches gestürzt. John Emerson war in der Woche
nach Weihnachten nach Kalifornien gereist, um Kar-
riere als Filmmagnat zu machen, und hatte sich vorher
von uns verabschiedet. Da schrieb ich gerade in aller
Ruhe an einem dreibändigen Roman. Am Tag nachdem er wieder zurück in New York war, traf er auf der
Straße eine Bekannte.

»Komm mit. Ich zeig dir eine neue Buchhandlung«,
sagte sie.

Er betrat den Laden.

»Was in aller Welt machst du denn hier?«, fragte er
bass erstaunt.

»Keine Ahnung«, antwortete ich. »Ich hab eine
Buchhandlung aufgemacht.«

Wer der erste Kunde war, der mir Geld in die Hand
gedrückt hat und mit einem Buch wieder gegangen
ist, weiß ich beim besten Willen nicht mehr. Ich hatte
eine Heidenangst vor dem ersten Morgen. Meine
Partnerin Mary musste unterrichten und konnte
nicht kommen. Lanky Frank Shay vom Washington
Square Bookshop hatte versprochen, mir Gesellschaft
zu leisten, doch er vergaß es. Ich kann mich an rein
gar nichts erinnern, was an diesem Morgen passiert

ist, außer dass die Sonne schien, ich voller Begeisterung war und die Zeit wie im Flug verging. Es war Dienstag, und wir hatten eröffnet.

Wir wussten kaum, wie uns geschah. Immer wieder sahen wir uns an, wie es vielleicht Leute tun, die gemeinsam ein Kind in die Welt gesetzt haben und sich vor Staunen darüber, dass es wächst und gedeiht, gar nicht mehr einkriegen. »Haben wir das zustande gebracht?«, fragten wir uns mehr als einmal. Ich bin nie so weit gekommen, dass es mir ganz normal erschienen wäre. Nie hat mich die Angst verlassen, dass der Laden womöglich verschwunden wäre, sowie ich um die Ecke bog, vor allem, wenn ich von einer Reise zurückkam. Nie wurde ich das Gefühl los, ich hätte ihn mir nur ausgedacht oder in einer Reisebeschreibung von Henry James darüber gelesen, oder dass ich womöglich eingeschlafen war, und gleich würde der Wecker klingeln und jemand mich ermahnen aufzustehen. Wenn ich dann von der Ecke Einunddreißigste Straße aus den Laden mit seinem Ziegeldach, dem sanft schaukelnden Schild und den pausbäckigen Engeln sah, durchzuckte mich jedes Mal eine ungläubige Freude.

Was haben wir gearbeitet! Vermutlich ist es typisch für uns beide, dass das Wort »Arbeit« in einer Anzeige zehnmal vorkam. Wir arbeiteten, wie eine Beethoven-Sonate gespielt werden muss, mit der gleichen Hingabe, der gleichen Freude, dem gleichen Gefühl

von Verbundenheit zwischen dem eigenen Herz-
schlag und dem Rhythmus der Welt. Wir arbeiteten, bis Mary eines Tages zwei Treppen hinunterstieg,
um ihre Hunde um den Block zu führen, und dann
feststellte, dass sie zwar die Leine, aber keine Hunde
dabeihatte. Ich adressierte einen Brief an die Roman-
figur Mr. Harry Berlin, The Crescent Moon, und stieg
mit Schuhen und Taftkleid in die Badewanne. Es war
eine eigene Welt. Ich hatte geglaubt, dass jede von
uns nur die Hälfte der Zeit im Laden sein müsse und
wir in den Tagen oder Wochen dazwischen weiterhin
Airedales und Kinder großziehen, tiefsinnige Kurzgeschichten schreiben, Vorträge über Kunst halten und
all die anderen Dinge tun könnten, die uns am Herzen
lagen. Dieser krasse Irrglaube fand ein rasches Ende.
Das A und O an einer guten Idee ist, genug Kraft für
ihre Umsetzung aufzubringen.

Von Anfang an war klar, dass die meistgehandelte
Ware bei uns das Gespräch sein würde. Ich redete, bis
ich abends meine Zunge im Mund zur Ruhe bettete.
Wenn endlich der Laden leer und die Tür verschlossen
war, krempelten wir die Ärmel hoch und machten uns
an die Arbeit. Ihr opferten wir unsere Tage, Nächte
und Sonntage, unser Augenlicht, unsere Stimme und
unsere Launen. Wir hatten weder Sekretärin noch
Buchhalter. Wir hatten nichts außer einer Idee, die
uns antrieb wie eine Dampfmaschine. Die Anwältin
Dorothy Straus bewunderte uns, dass wir Tausende

von handgeschriebenen Werbebriefen verschickt hätten. Vermutlich stimmte das sogar. Wir warfen sie jedem nach. Wann immer wir es mit der Angst zu tun bekamen, wenn alles düster aussah, wenn uns eine Person, ein Club, eine Universität, ein Hotel, ein Büro, ein Restaurant oder ein Laden einfiel, wo dringend Bücher gebraucht wurden, wann immer wir zwanzig Minuten übrig hatten, setzten wir uns an unseren breiten blauen Tisch und schrieben einen Brief. Wir verschickten unsere Briefe an Gott und die Welt.

Fast alles, was wir in den ersten vier Jahren unternahmen, entsprang unserer Überzeugung vom hohen Stellenwert von Büchern. Sonntags setzten wir uns einander gegenüber an den Tisch und trugen Berge von Arbeit ab. Wir schrieben Stapel um Stapel von Listen. Nie schlugen wir jemandem, der uns um eine Liste bat, seinen Wunsch ab. An einem Sonntag im August arbeitete ich den ganzen Tag an einer Bücherliste über die Gewerkschaftsbewegung, die eine Bekannte jemandem zur Hochzeit schenken wollte, und kam erst um fünf Uhr nach Hause. Eine seltsame Art, einen Augustsonntag zu verbringen. Mein Bruder, der als Ingenieur ein großes Büro leitete, war da. Ich brachte vor Müdigkeit fast kein Wort mehr heraus, und als wir nach dem Abendessen am Fluss saßen, fragte er mich nachdenklich: »Berechnet ihr eigentlich etwas für solche Listen?«

Ich verneinte.

»Sie verschlingen eine Menge Zeit! Alle sagen, wir könnten etwas dafür nehmen, aber das wagen wir nicht – wir wollen ja, dass die Leute lesen, und viele würden auf Listen verzichten, wenn sie Geld kosteten. Gute Taten zahlen sich bestimmt irgendwann aus. Meinst du nicht?«

»Da hast du sicher Recht«, erwiderte er, »selbst wenn man die Sache ganz nüchtern betrachtet. Wenn sich erst einmal herumgesprochen hat, dass ihr euch mit Büchern auskennt, werdet ihr auch genügend davon verkaufen.«

Immer wieder habe ich erlebt, dass ich bei Tischgesellschaften jeden Banker oder Geschäftsmann mühelos mit der Geschichte unserer Finanzen fesseln kann. Unsere Finanzen waren sagenhaft. Man empfahl uns, eine Aktiengesellschaft zu gründen und Aktien zu verkaufen, eine Idee, die wir begeistert aufnahmen. Uns gefiel alles daran: das Gesellschaftssiegel, das Aktienbuch und unsere Unterschriften über imposanten Titeln. Unser Startkapital betrug 2 500 Dollar. Es war weiß Gott kein Kinderspiel, mit dieser Summe in New York City ein Geschäft zu gründen. Außerdem stand das Land kurz davor, in den Krieg einzutreten – eine ungünstige Zeit. Doch wir waren beide von Haus aus risikofreudig, sonst hätten wir es wohl nie geschafft. Unabhängig voneinander hatten wir bereits so manches gewagt und waren immer weich gelandet. Der Laden bewies mir vor allem, wie wertvoll Lebenserfahrung ist. Sie nützt einem in jeder Hinsicht. Man ist zwar noch kein Experte, doch man wird schneller einer.

Etwa einen Monat nach der Eröffnung kam eines Spätnachmittags Mary herein. Sie hatte eine Lehrveranstaltung gehalten und war auf dem Weg zur Buchhandlung kurz bei der Bank vorbeigegangen. Der Laden war voller Leute. Sie steuerte schnurstracks auf mich zu und drückte mir einen Zettel in die Hand. Ich las ihn, während ich einem hoch gewachsenen jungen Mann lauschte, der mir seine Meinung über die russische Seele kundtat. Auf dem Zettel stand: »Kontostand 37 Cents«. Wir sahen uns einen Moment lang gefasst an und verkauften dann weiter Bücher. Im Juli und August begannen einige Verlage, uns so genannte Sichtwechsel zu schicken. Ich hatte noch nie einen Sichtwechsel gesehen, und als der Bote den ersten brachte, zitterte ich wie Espenlaub. Der Bote wartete offenbar auf irgendetwas, und so fragte ich die Männer im benachbarten Antiquitätengeschäft um Rat. Ich erkundigte mich, was man bei Sichtwechseln unternehmen müsse. »Gar nichts«, erwiderten sie. »Ignorieren Sie sie einfach.« Also ignorierten wir sie. Vermutlich nahm unsere Kreditwürdigkeit bei den Verlagen ab. Ein Kreditgeber schrieb mir, wenn ich ihm nur mitteilen wollte, was wir zu tun gedächten, ließe er gerne mit sich reden. Ich hatte keine Ahnung, was ich zu tun gedachte. Ich saß tief in der Tinte, und das musste sich ändern. Es raubte mir bereits den Schlaf. Immer wieder fassten wir uns an den Kopf, um uns zu vergewissern, dass alles noch an Ort und Stelle war.

Im ersten Jahr setzten wir das Fünffache unseres Kapitals um: 12 192 Dollar und nicht 20 000 Dollar, was unser Soll gewesen wäre. Im zweiten Jahr kamen wir auf 12 874, im dritten waren es 18 259, im vierten 37 782, und am Ende des fünften fast 70 000 Dollar. Wir ließen Vorzugsaktien im Wert von 3 000 Dollar ausstellen, die wir verkauften, und Stammaktien im Wert von 2 000 Dollar, die wir behielten. Nach Ablauf des vierten Jahres verkauften wir die Hälfte dieser Stammaktien für 10 000 Dollar.

Natürlich war unser Kapital zu gering, doch wir machten weitaus weniger Fehler, als wir vermutlich gemacht hätten, wenn es größer gewesen wäre. Vielleicht war es »das Defizit, das uns rettete«, wie in manch wichtigem Fall. In meinen Augen war es eher eine Art Musterbeispiel. Jedenfalls haben wir das Ganze unter großen Schwierigkeiten in Angriff genommen, und es hat geklappt. Wenn man so etwas anfängt, lässt man es nicht scheitern. Es ist zu wichtig. Und das beste Heilmittel besteht darin, Bücher zu verkaufen.

Neben dem Dezember war der Juni immer der verkaufsstärkste Monat. Im September ging das Geschäft am schlechtesten. An einem deprimierenden 12. Juli im ersten Sommer betrug die Summe der Verkäufe lediglich 2,50 Dollar. Aber am nächsten Morgen lag in der Post eine Bestellung über 150 Dollar. An einem schicksalhaften Tag im selben Sommer stand das Thermometer bei 36 Grad, und wir verkauften kein einziges Buch. Es ist unfassbar, dass der Verkauf von ein paar Büchern zwei gestandenen Frauen wie uns derart viel bedeutete.

Eines Tages werde ich Erde sein, und Gras wird auf mir wachsen, doch ich werde niemals den 15. Januar nach unserem ersten Weihnachtsgeschäft vergessen. Nichts auf der Welt übertrifft die Schlacht, die sich in den zwei Wochen vor Weihnachten in einer Buchhandlung abspielt. Es gibt ganze Tage, an denen man weder etwas isst noch etwas trinkt. Es ist, als wäre man die Mutter von zehntausend Kindern, die alle auf einmal auf einen einstürmen, weil sie Kekse haben und ihre Fäustlinge trocknen lassen wollen. Man schätzt, dass ein Viertel des Jahresumsatzes einer Buchhandlung auf den Dezember fällt. Im ersten Jahr kam es uns so vor, als hätten wir im Weihnachtsgeschäft eine Million Bücher verkauft und als müssten bei der Abrechnung ein paar Tausend Dollar über der heillosen Kassenschwindsucht liegen. Ich hatte mir angewöhnt, am ersten Sonntag nach dem 15. eines jeden Monats alle Verlagsrechnungen auf der Chaiselongue auszubreiten, auf der ich früher herrliche Bücher gelesen hatte, und jede Rechnung, so gut ich konnte, zu entschärfen. Den gesamten 15. Januar 1917 verbrachte ich damit, die Rechnungen und unsere Einnahmen zu überprüfen.

»Ach, nie schlug das Herz der Hoffnung so heiß in mir.« Doch als Elektras Ausruf in mir verklungen war und ich die beiden Zahlenkolonnen zusammenzählte, bekam ich sogleich einen Dämpfer: Wir lagen trotz allem mit 4 000 Dollar im Rückstand. Mir wurde ganz schlecht. Ich musste zu einem Abendessen, wo man mich auslachte, weil ich so bleich und erschüttert aussah. Allein hätte ich das nie durchgestanden. Ich kann nur jedem davon abraten, eine so gefährliche Reise ohne Begleitung anzutreten. Nie werde ich meiner Partnerin vergessen, dass sie mir damals als Kampfgefährtin zur Seite gestanden hat. War eine von uns niedergeschlagen, blieb stets die andere guter Dinge. Ich war ihr dankbar für ihren Heldenmut, für ihre unermüdliche Antriebskraft und sogar für ihre Schönheit. Wenn ich im Laden zu ihr hinüberschaute und ihren herrlichen Kopf mit den darum gewundenen Zöpfen betrachtete, der Simonetta in Botticellis Frühlingsallegorie ähnelte, ging es mir gleich besser. Wir hatten die Buchhandlung, weil wir das Leben liebten. Das war am Anfang so und am Ende nicht minder.

Unsere Stärke war, dass wir eine Vision hatten. Wir waren davon überzeugt, dass alles von der Kraft der Gedanken abhängt. »Nun, das ist der Lauf der Welt.« Buchhandlungen machen diese Gedanken zugänglich und sind sogar wichtiger als Universitäten, Schulen und öffentliche Bibliotheken, weil sie als Teil der Geschäfts- und Arbeitswelt ein erwachsenes Publikum ansprechen. Ich dachte viel über unseren Laden nach. Ich versuchte, unsere Vision mit der Realität in Einklang zu bringen. Jeden Morgen auf dem Weg zur Arbeit hatte ich eine neue Idee für den Laden. Wenn Buchhandlungen sich nicht rentierten, so deshalb – davon waren wir überzeugt –, weil es an Einfallsreichtum fehlte und das Personal nicht sachkundig oder professionell genug war. Um mit Edward Lear zu sprechen: »Das glaube ich damals und das glaubte ich heute noch.«

»Sie und ich kommen nie auf einen Nenner«, sagte Alice Dempsey von Gimbel's immer wieder zu mir. »Ich bin Geschäftsfrau. Mich interessiert nichts anderes. Mich interessieren nur Stapel von dreihundert Stück, und die will ich schmelzen sehen. Ein Buch über esoterischen Buddhismus finde ich einfach *lächerlich!*« Aber so kann man nicht mit Ideen umgehen. Die namhaften Geschäftsleute reden ständig von Service, und damit meinen sie, ein bestelltes Buch bis zum nächsten Nachmittag zu besorgen. Wir dachten dabei an etwas, was nicht ganz so einfach, dafür aber wichtiger ist als das, was sie Service nennen, wie ein Arzt, der vielleicht nicht pünktlich kommt, aber dafür etwas viel Bedeutenderes mitbringt.

Von einer Frau hieß es, sie sei »die beste Bücherkennerin New Yorks« und wisse die Erscheinungsdaten sämtlicher Folio-Ausgaben von Shakespeare und »alle möglichen anderen enorm wichtigen Dinge«. Aber wer will schon die Erscheinungsdaten von Shakespeares Folios wissen? Wir brauchen Buchhändler, die uns dazu bringen, Shakespeares *Timon von Athen* zu lesen statt Fitzgeralds *Diesseits des Paradieses*. Buchhändler, die für eine erschütterte junge Seele, die gerade erfahren hat, dass ihr Mann an der Somme gefallen ist, Bücher finden, die ihr einen Weg zum Weiterleben aufzeigen.

»Sagen Sie, haben Sie noch mehr Bücher von dem, der *Die Heimkehr* geschrieben hat? Das hat mir kürzlich hier drin jemand in die Hand gedrückt. Und wer ist dieser Hardy überhaupt? Hat er noch mehr Bücher verfasst?«, fragte mich einmal ein korpulenter junger Geschäftsmann, der sich verhielt, als sei er in dringenden Angelegenheiten unterwegs. Das ist die Art von Buchhandel, die wir brauchen. Jede der diplomatischen Vertretungen, die im Krieg hierher kamen, sandte uns ein Mitglied – die belgische, die niederländische, die französische, die britische, die skandinavische, die italienische und die japanische. Etliche dieser Herren, die mit Ketten und Säbeln rasselten und sich in Capes hüllten, musterten uns kopfschüttelnd, wenn sie den Laden zum ersten Mal betraten.

Was haben wir nicht alles von ihnen gelernt! Alle wollten sie amerikanische Bücher über Erziehung und Industriemanagement, die beiden Gebiete, auf denen Amerika weltweit führend ist, und wir kannten diese Bücher. Vermutlich sprach sich das herum. Als Patrick Geddes zum Präsidenten der neuen University of India in Bombay ernannt wurde, bat er uns, die amerikanische Abteilung der dortigen Bibliothek für Wirtschaft und Soziologie zu erstellen. Lady Henry beauftragte uns mit einer Bibliothek für Mütter und Kinder in einer Londoner Kinderkrippe. Wir wussten genau, dass jeder, der ein Kind großziehen, eine Firma leiten, wieder gesund werden oder sich amüsieren will, Hilfe finden kann – und zwar in Büchern. Unser einziges Handikap war, wenn überhaupt, nicht jedes Buch gelesen zu haben. Wenn Sie ein Autohaus betreten und signalisieren, dass Sie ein Auto kaufen möchten, redet der Verkäufer garantiert zwei Stunden lang auf Sie ein. Er kann Ihnen von der untersten Schraube bis zum Dach alles über das jeweilige Modell erzählen. Aber wenn Sie sich in einer Buchhandlung nach Irvings *Skizzenbuch* erkundigen, ohne den Autor zu nennen, fragt das junge Ding zuckersüß zurück: »Und von wem ist das, bitte?« Und dann fragt sie jemand anderen, und der fragt noch mal jemand anderen, und am Schluss holen sie den Abteilungsleiter aus dem ersten Stock, der dann Sie fragt, ob Sie wissen, in welchem Verlag es erschienen ist.

Wir alle haben schon solche Geschichten herumerzählt. Einer der beliebtesten Einwände von Buchhändlern lautet, man könne von den Verkäufern nicht erwarten, dass sie sämtliche Bücher gelesen haben, die sie anbieten. Auf jeder Tagung steht irgendjemand auf, um das zu verkünden. Mary und ich lassen dieses Argument nie gelten, denn man kann eben keine Bücher verkaufen, wenn man sie nicht liest. Außerdem würde nichts die Ladentische so schnell von schlechten Büchern und die Lagerräume von unverkauften Exemplaren befreien wie die Tatsache, dass diejenigen, die in einer Buchhandlung die Bücher einkaufen und verkaufen wollen, sie auch lesen. Wenn ihnen etwas gefällt, und es gibt immer einen Grund dafür, warum einem etwas gefällt, entspräche es ihrem eigenen Werturteil und nicht einem, von dem ein Lektor in einem Verlag gedacht hat, dass der Verlagsvertreter denkt, der Buchhändler denkt, dass es dem Kundenwunsch entsprechen könnte.

Das Verhältnis zwischen Buchhändler und Verleger ist heikel. Der Buchhändler spielt die Mittlerrolle. Immer kamen Verlagsvertreter vorbei und kündigten uns wie zum Beweis für die Qualität eines Titels an, dass am Sonntag eine Anzeige in der *Times* erscheinen werde, worauf wir dann hundert Stück bestellen sollten. Solange man etwas nur auf Geheiß eines anderen verkauft, ist man ein Händler, aber kein Geschäftsmann.

Bücher sind keine besonders lukrative Handelsware, wenn es sich jedoch lohnt, sie zu verkaufen, dann lohnt es sich erst recht, es gut zu machen. Unser

Motto war stets, mit Verstand an die Sache heranzu-
gehen. Wir versuchten alles Mögliche. Zum Beispiel
stellten wir unser gesamtes Sortiment in einen brei-
teren Kontext, sodass wir nicht nur Einzelexemplare,
sondern zwanzig, dreißig oder fünfzig Bücher verkaufen konnten. Ein deutscher Kürschner um die Ecke
bat uns, ihm ein paar Bücher über Pelztiere, ihren
Lebensraum und ihre Fortpflanzungsweise zu besorgen. Das war unsere erste Fachbibliothek. Wir erstellten auch Büchersammlungen zum Thema Seide und
Schmuck. Wir hatten ein Konzept, und die Leute, die
diesen Service nutzten, waren unsere Abonnenten.
Auf Anfrage versorgten wir sie laufend mit Büchern,
von denen wir annahmen, dass sie zu ihren Interessen
passen könnten.

»Schicken Sie mir keine Listen zur Auswahl«,
erklärte mir ein Anwalt. »Ich habe keine Zeit für Listen. Schaffen Sie mir gute Bücher ins Haus. Ich habe
jeden Abend, wenn ich von der Arbeit komme, eine
halbe Stunde, ehe ich mich zum Abendessen umziehen muss, und wenn dann Bücher da sind, lese ich
sie.«

Am Ende des vierten Jahres hatte ich eine Liste von
Abonnenten, die eine kleine, aber wichtige Zielgruppe
für gute Bücher abgaben.

Nie machten wir etwas so, wie es sich eigentlich
gehört. Manchmal kam ich mir vor wie ein Klein-
kind mit einem Ball – als würden wir jede Idee ein-

mal aufwerfen und dann wieder fallen lassen. Doch wir setzten eine ganze Menge von dem um, was wir uns vornahmen. Es war verblüffend, wie sehr sich alles so entwickelte, wie wir es geplant hatten. Immer wieder bestaunte ich das Wunder, das sich vor meinen Augen abspielte, ohne dass auch nur ein Detail unserer Vision gefehlt hätte. Wahrscheinlich ist im Grunde alles leichter zu bewerkstelligen, als wir denken.

Das Geheimnis unseres Erfolges war, dass wir die Buchhandlung zu einem magischen Ort machen wollten, der sich von anderen abhob und in dem schon der Kauf eines Buches zu einem aufregenden Erlebnis wurde. Das war von Anfang an unser Ziel, und je mehr wir uns in die Idee vertieften, desto näher kamen wir ihm. Die farbliche Gestaltung des Raums bildete den Auftakt. Später ließen wir uns in bester Absicht ungewöhnliche Geschenkverpackungen einfallen, die so beliebt wurden, dass sie sich als Fluch für uns erwiesen. Vielleicht werde ich nie wieder ein Stück rotes Seidenpapier von einem Tisch flattern sehen können, ohne dabei leichte Übelkeit zu empfinden. Man sagt ja immer, dass Macht auf Persönlichkeit beruht, und wir versuchten zu beweisen, dass das nicht nur eine Floskel ist, sondern eine Tatsache, mit der man Bücher verkaufen kann.

Und so wurde der Laden – nicht, weil wir uns das so ausgemalt hatten, sondern weil Bücher zu verkaufen einfach etwas Persönliches ist – zu einem sehr persönlichen Ort. Nie wiesen wir jemanden ab, der etwas von uns wollte. Wenn sich ein Junge erkundigte, ob wir ein Zimmer in Südlage für seine Schwester wüssten, oder wenn jemand fragte, ob wir Musikunterricht für einen Jungen vermitteln könnten, der Geige spielte und dessen Vater Kellner im Biltmore war, oder ob wir einen Tierarzt für Madame Pawlowas Hund empfehlen könnten, oder wo man Pfaueneier kaufen könne, oder ob wir den Laden für eine Vortragsreihe über libertäre Erziehung zur Verfügung stellen würden oder einen Namen für ein Restaurant an der Columbia-Universität wüssten, oder wenn eine Frau mit uns über ihr Leben sprechen wollte – wir sagten immer ja.

Einmal hielt sich eine kleine Frau einen ganzen Samstagnachmittag im Laden auf und konnte sich nicht entscheiden, ob sie ein französisch-englisches Wörterbuch zu 50 Cents für ihren Sohn kaufen sollte, der am nächsten Tag mit seiner Einheit nach Frankreich auslaufen sollte. Es war ein schlimmer Nachmittag. Sie erzählte uns eine Menge über ihn, unter anderem wie er als Baby gewesen war. Sie weinte und wir weinten. Zu guter Letzt ging sie ohne das Wörterbuch, weil sie glaubte, sie habe noch eines ganz unten in ihrer Truhe, und wenn dem so wäre, erklärte sie, dann wolle sie kein zweites kaufen. Am Montagmorgen kam sie wieder und erzählte uns, dass es doch nicht in der Truhe gewesen sei. Sie hatte das ganze Telefonbuch auf der Suche nach unseren Namen durchgeblättert, weil sie wusste, wenn sie uns fand, würden wir in den Laden kommen und ihr das Wörterbuch rausgeben. Ich musste schmunzeln, als ich mir vorstellte, wie Brentano's oder Scribner's am Sonntagmorgen aufmachten, um ein Wörterbuch für 50 Cents zu verkaufen. Aber natürlich ging es hier weniger um Sonntagsverkäufe als um Söhne.

Auf der anderen Seite waren unsere Bestellbücher voll, und alle halfen uns. Der Laden war ein Teil des Lebens, das um ihn herum pulsierte. Einige fragten uns, ob sie Aktien von uns kaufen sollten. Andere fuhren Lieferungen in ihren Autos aus, schrieben ihre Bestellungen selbst und verpackten ihre Bücher eigenhändig. An einem feuchtkalten 23. Dezember kam gegen halb neun eine Frau herein, die wehmütig seufzte, dass wir bestimmt viel Freude an unserer Arbeit hätten und jeden Abend mit dem Gefühl nach Hause gingen, eine ganze Menge Menschen ein wenig froher gemacht zu haben. Das konnte ich bestätigen.

»Ich bin eines dieser armen Wesen, für die sich wahrscheinlich auf der ganzen Welt kein Mensch wirklich interessiert«, sagte sie.

Ich erwiderte forsch, dass ich mich durchaus für sie interessieren könnte.

»Dann rufe ich jetzt schnell meinen Mann an«, erklärte sie. Als sie zurückkam, legte sie Hut und Mantel ab und packte den ganzen Tag lang in einem muffigen Lagerraum Pakete. Ich hatte sie nie zuvor gesehen und sah sie auch danach nie wieder. Immer wenn ich an ihr vorbeieilte, sagte ich: »Das ist für Madame Guilbert« oder »Das ist für die Gräfin von Aberdeen« oder »Das ist für Randolph Bourne«, und ihr Gesicht glühte, als wäre sie gerade neu geboren. Um die Mittagszeit ging sie kurz weg und kaufte uns eine große Schere und den richtigen Pinsel für unseren Kleistertopf.

»Zählt eure Löffel nach«, riet uns jemand. Sie waren noch alle da.

Wir wiesen nie jemanden ab, der oder die bei uns mitarbeiten wollte. Im Winter 1919/20 hatten wir acht unbezahlte Aushilfen – allesamt Frauen aus gehobenen Kreisen. Sie verkauften Bücher im Wert von Tausenden von Dollars für uns. Sie sortierten Rechnungen, fegten Fußböden und übernahmen Botengänge. Manchmal machten sie auch alles richtig. Manchmal musste ich ein Schmunzeln hinter einem Buch verbergen, wenn ich die Tochter des Verlegers des *Kansas City Star,* eine üppige, attraktive Frau, den Gehweg kehren sah, weil Minnie Simon aus der Allen Street das so ungern tat. Oder zum Beispiel Peggy Guggenheim. In einem knöchellangen Mantel aus Maulwurfsfell mit pinkfarbenem Chiffonfutter ging sie Glühbirnen und Reißnägel kaufen, holte Verlagsbestellungen ab und kehrte mit einem Paket zurück, unter dessen Gewicht jeder Dienstmann ins Schwanken gekommen wäre. Und sämtliche Ausgaben waren akkurat aufgelistet.

Einmal legte ich einer in schwarzen Samt gehüllten Dame mit blütenweißen Handschuhen Bücher vor. Sie war auf der Suche nach einem Geschenk, und ich zeigte ihr eine Auswahl. Sie gehörte zu der gelegentlich vorkommenden Sorte Menschen, die Verkäuferinnen gerne herablassend behandeln, so auch mich. »Wenn Sie die Sachen in die Höhe halten würden, damit ich sie mir ansehen kann, würde ich eventuell das eine oder andere davon kaufen«, herrschte sie mich an. Kurz ging mir durch den Kopf, dass es mir vollkommen gleichgültig war, ob sie etwas kaufte oder nicht, bis ich mir sagte, dass sie wohl irgendwie gestört sein musste. Jemand, der sich dermaßen albern aufführt, *muss* einfach gestört sein. Vielleicht war ihr Mann unser Kreditgeber beim Verlag Macmillan. Ich hielt ihrem Blick stand, während sie mich durch ihr Lorgnon musterte, und versuchte unverdrossen, ihr ein Buch zu verkaufen. Allerdings habe ich vergessen, ob sie nun tatsächlich etwas gekauft hat oder nicht.

In der Vorweihnachtszeit 1918, kurz nach der heftigen Meuse-Argonne-Offensive in Frankreich, kam der Junge, der im Keller am Packen war, herauf und erinnerte mich daran, dass einige der bereits fertigen Pakete dringend ausgeliefert werden mussten. »Ma'am, sie stapeln sich dermaßen, dass wir bald nicht mehr darüber steigen können«, sagte er.

Ich sah mich in der Hoffnung um, dass etwas zu unserer Rettung vom Himmel fiele, und das Wunder geschah tatsächlich. Eine Frau, die neben mir an einem Tisch Bücher durchblätterte, hob den Kopf. »Ich kann sie in meinem Wagen ausfahren, wenn Sie möchten«, erbot sie sich. »Sie haben mir auch einmal einen Gefallen getan, und ich wollte seitdem immer etwas für diesen Laden tun.«

Sie kam mir bekannt vor, doch es war keine angenehme Erinnerung. Der Junge brachte die Pakete hoch, es waren achtunddreißig Stück. Wir erklärten ihr, wie sie sie nach Stadtvierteln sortieren musste, und schärften ihr ein, sich für jedes abgelieferte Paket eine Unterschrift ins Lieferbuch geben zu lassen. Im Lauf des Nachmittags fiel mir wieder ein, dass es die Frau war, die mich so herablassend behandelt hatte. Es gibt derart viele solcher Geschichten, dass mir beim Gedanken an unseren Laden immer das Prinzip von Geben und Nehmen in den Sinn kommt. Das entsprach unserer Vision und dafür kämpften wir.

4. Kapitel

Im Herbst krempelten wir erst richtig die Ärmel hoch. Der September ist der schlechteste Monat für den Buchhandel, doch auch er ging vorüber. Wir standen vor der Herausforderung des Jahres, völlig vereinnahmt von unserer Aufgabe.

Ich glaube, jeder hätte gerne einen Laden. Ein Laden ist einer der dreizehn Flüsse des Märchenlands. Familie, Kaufladen oder Besuch spielen, ein General oder Pirat sein, Kinder haben, die man bestraft – wir agieren in diesen großen romantischen Rollen, bis wir um fünf Federkissen und eine staatlich geprüfte Krankenschwester bitten, in deren Gesellschaft wir sterben können. Was ist Romantik? Es ist etwas, das außerhalb unseres Erfahrungsschatzes liegt und doch daraus hervorgeht, ein Stück Alltag und ein Stück vom Himmel.

Wir hatten keinen einzigen Gehilfen, der nicht auch verkaufen wollte. Sie fingen immer ganz bescheiden an und erklärten, dass sie nur Rechnungen abheften und Regale abstauben könnten, doch eines schönen Morgens erwischt man sie dabei, wie sie einem aufmerksamen Kunden den Unterschied zwischen Neil Lyons und Dostojewski erklären, und das mit der Miene eines Menschen, der seine natürliche Bestimmung darin gefunden hat, eine Bestellung zu notieren. Einmal, als wir uns bei einem großen Mittagessen gemeinsam vergnügen wollten, ließen wir den Laden in der Obhut einer Frau, die einen Mann, sechs Kinder, drei Enkel, einen Landsitz und vier Erbschaften hatte. Bei unserer Rückkehr bebte sie vor Begeisterung, als hätte sie einer Krönung beigewohnt.

Wenn sie an niemand anders verkaufen können, verkaufen sie an sich selbst. »Und, wie sind Sie zurechtgekommen?«, fragte ich Anne Evans aus Denver, als ich an einem ruhigen Sommernachmittag von einer Tasse Tee zurückkam. »Ich habe die hier verkauft«, antwortete sie und wies mit den Augenbrauen auf einen Stapel, den sie auf einer Bank zusammengetragen hatte.

Es war eine meiner großen Entdeckungen, welche Freude im Verkaufen liegt. Heute betrachte ich Verkäuferinnen voller Verständnis – ihr kleiner, gekonnt unterdrückter Jubel, wenn sie einen Ladenhüter loswerden, das Geflüster hinter einer spanischen Wand, die gesenkte Stimme, mit der sie »Das ist herabgesetzt« raunen – mir sind ihre Gefühle so vertraut. Vermutlich sind wir alle Verkäufer und verkaufen unseren Völkerbund, unseren Charme, unser Talent, ein Zuhause zu erschaffen, unsere Kredit- oder Unsterblichkeitsphilosophie. Mit Menschen umzugehen ist eine wunderbare Fähigkeit. Ich hatte mein Leben lang Bücher verliehen – mitunter fünf auf einmal –, und sie zu verkaufen war nur unwesentlich anders. Doch

manchmal erschreckte es mich, sie so hoch aufzusta-
peln, dass sie auf sämtlichen Stühlen und Tischkanten
wankten.

Es heißt, man müsse nur einen Ansatzpunkt für
ein Gespräch mit Kunden finden, einige wenige Sätze
genügten. Man lernt im Handumdrehen, was den besten Einstieg abgibt – oder man wird vielmehr darauf
gestoßen. Ich hatte das Gefühl, dass sich mit der Zeit
aus sämtlichen eigenen Reaktionen auf ein Buch ein
einziger Satz oder Gedanke herauskristallisiert, der es
treffend charakterisiert. Mit einem einzigen Satz oder
fast einem einzigen Wort verkauften sich in ein- und
derselben Augustwoche Harry Johnstons *The Gay-
Dombeys,* Virginia Woolfs *Die Fahrt hinaus,* Waldo
Franks Essay über Amerika sowie 75 Exemplare von
Helen Marots *Creative Impulse in Industry.* Das funktioniert immer. Es hängt nur davon ab, wie die Worte
angeordnet sind, wie Mr. McClure nie müde wurde
zu betonen. »Sehen Sie sich die Bibel an«, sagte er
des Öfteren. »Die beste journalistische Arbeit, die je
geschrieben wurde. Sehen Sie sich die Schlagzeile an.
›Im Anfang schuf Gott Himmel und Erde‹.«

Oft habe ich mir gewünscht, dass die Verleger solche Gesichtspunkte bei ihren Klappentexten berück-
sichtigen, anstelle die üblichen Erklärungen abzugeben, der Autor sei bedeutender als Balzac oder
Dostojewski. Das ist so abgenutzt und von unzähligen
Kritikern verwendet worden. Buchhändler aber sehen

den Lesern in die Augen. Sie kennen ihre Reaktionen genau.

Eine Gruppe junger *Sun*-Reporter debattierte eines Tages heftig mit uns über den professionellen Buchhandel, wie wir ihn verfochten. Sie wollten nicht, dass jemand anderes ihre Bücher für sie aussuchte, erklärten sie. Bilden sie sich vielleicht ein, ihre Bücher würden nicht für sie ausgesucht? Sogar ihre Frauen sucht George Lorimer für sie aus, wenn er Mrs. Preston die Geschichten illustrieren lässt, die sie in der *Post* lesen. Sie trinken Milch und essen Rosinen, wenn die Werbeleute es ihnen sagen. Ihre Zigarren werden für sie ausgesucht, ihr Frühstück und ihre Religion. Wir alle lesen, was die Verlage und unsere Freunde für uns aussuchen. Mir scheint, der Beleg für eine eigenständige Persönlichkeit besteht nicht darin, aufzustehen und zu erklären, dass man seine Integrität wahren will, sondern darin, sich einzumischen und die Dinge zu beeinflussen, die einen ihrerseits beeinflussen.

Man kann in einer Buchhandlung nie sicher sein, dass den Leuten die Bücher gefallen, die man ihnen empfohlen hat. Meine beste Freundin warf mir eines Tages angewidert einen Bestseller vor die Füße. Man kann den Leuten nur sich selbst verkaufen, seine eigene Meinung und den »Furor« der alten Griechen sowie den Glauben, dass es das Beste für ein gutes Buch ist, wenn es schnell aus den Regalen einer Buchhandlung in private Hände gelangt. Mancher findet in einem Bücherpaket vielleicht nicht unbedingt das, was er darin gesucht hat, »aber wer überhaupt nichts sucht, bekommt auch nichts«. Es gibt Dinge, die mich mehr betrüben als die guten Bücher, die ich an Leute verkauft habe, die sie noch nicht gelesen haben.

Ich habe keine Ahnung, wodurch sich ein Buch verkauft. Durch Eloquenz zum Beispiel. Ein Dichter wie John Cowper Powys kann ganz Milwaukee dazu bringen, Milton zu lesen. Wie? Er schildert alles enorm lebendig, fügt es nahtlos in die Welt seiner Zuhörer ein und erhebt dadurch die Lektüre zu einem derart beglückenden Erlebnis, dass man schnell zur Tür hinauseilt, um einen Band zu erstehen, so als hätte man ein Rendezvous mit einem großen Denker. Sie können *Don Quijote* oder Platons *Verteidigung des Sokrates* verkaufen, als wären sie brandneu und kämen frisch aus der Druckerpresse, wenn Sie sie ebenso schätzen wie ich. Man kann ein Buch mit Redlichkeit verkaufen oder mit Lebhaftigkeit oder auch mit autoritärer Strenge.

Einmal, als wir bereits ins Haus des Yale Clubs gezogen waren und vier lehrreiche Jahre hinter uns hatten, kam aus einem der benachbarten Clubs ein Mann herein, der mir sagte, er wolle »einfach nur etwas zu lesen«. Ich fasste seine reservierte Äußerung so auf, dass er nicht mit einem gebildeten Menschen verwechselt werden wollte oder mit jemandem, der rege geistige Interessen pflegt. Er wirkte wie aus einem Buch von

H. G. Wells, und sein Auftreten ähnelte Turgenjews Held, »als wäre er gar kein echter Mann, sondern ein Standbild seiner selbst, das durch einen öffentlichen Spendenfonds errichtet wurde«. Lord Leverhulmes Buch über den Sechsstundentag lag auf dem Tisch, gegen den er sich lehnte, und der Titel fiel ihm ins Auge. Das sei genau die Art von Buch, die er nicht wolle, erklärte er mir und fügte beiläufig hinzu, was er von den Arbeitern hielt. Sie seien allesamt Diebe und Faulpelze. Man könne eine eigene Firma nur führen, indem man ... und so weiter. Er zählte offenbar zu den Eingeweihten. Er stritt nicht mit anderen, sondern er belehrte sie.

An diesem Tag war es sehr heiß. Es hätte siebzehn Jahre gedauert, mit ihm auch nur zu einem Anfang zu gelangen, und ich wollte es gar nicht erst versuchen. Er war Engländer. Er war in die Staaten gekommen und hatte – wenn ich ihn recht verstand – in irgendeinem Industriezweig Erfolg gehabt. Er war nichts Besonderes, doch er war erfolgreich. Am liebsten hätte ich ihn mit einem guten Buch, das sein Gift in ihn einträufeln ließ, sachte aus dem Laden geschoben, doch das Schicksal wollte es anders. Der Tisch in der Raummitte ächzte regelmäßig unter Büchern über alle möglichen Reformen, und ganz in der Nähe lag ein unseliges Buch über Feminismus. Also erzählte er mir nun, was er von Frauen hielt. Von Frauen hielt er noch weniger als von Arbeitern. Sie seien allesamt Dummköpfe und Lügnerinnen und nur auf ihren Gewinn aus – ohne Grundsätze, ohne Fantasie – nein, er sagte nicht Fantasie, das war ihm fremd. Es war so schrecklich, dass mir ganz schwummrig wurde. Ziemlich abwesend griff ich nach etwas, was ich für ein absolut unanfechtbares englisches Werk hielt. Ich hatte schon angefangen es zu lesen, und in meinen Augen konnte dieses Buch selbst einen Baumstumpf entflammen – es handelte sich um Charnwoods *Lincoln.* Doch selbst damit machte ich mich bei ihm unbeliebt. Er fing an, mir auseinander zu setzen, was er von »Niggern« hielt. Ein richtiger Tory, auf Siegen getrimmt und ohne den geringsten Selbstzweifel.

Es war einfach nicht fair. Schließlich hatte ich in diesen vier Jahren nicht umsonst hohen Diplomaten und großen Ökonomen gelauscht und unzählige Bücher über Wirtschaft gelesen. Alles, was ich wusste und dachte, wurde »in parlamentarische Form gegossen« und musste vor den erwählten Geistern aus zwei Welten bestehen. Ich kannte Männer, die von der Bürde ihres Wissens müde waren, doch er hatte offenbar außer mit servilen Lakaien und unterdrückten Frauen nie mit jemand anderem gesprochen. Mary warf mir von der Galerie aus einen Blick zu. Mein Gegenüber versuchte es zunächst mit gelegentlichen Einwänden. Er nahm die Haltung ein, die ausdrückte: »Lass sie nur reden. Leg dich nicht mit einer Frau an.« Schließlich fixierte er mich mit seinem Blick und hörte zu.

Ich kenne den Hunger, der in seinen stumpfen Augen wohnte, weil ich ihn am eigenen Leib erlebt habe – dieses Gefühl, orientierungslos umherzutreiben, fern jeder Quelle von Ausdauer und Kraft. Ich fragte ihn, warum er, wenn alle Frauen dumm seien, dablieb und mir zuhörte. Er meinte, es sei interessant.

Nach einer Weile begann ich Bücher für ihn auf-zustapeln. Ich erklärte ihm, dass er sich informieren müsse, wenn er über so etwas sprechen wollte, dass es Menschen gebe, die sich mit großer Autorität und fundiert äußerten, dass er sich rüsten und zumin-dest wissen müsse, was der Feind tat. Ach, wenn man gerade genug Grips hat, um sich klar auszudrücken, ist es schrecklich leicht, seine Mitmenschen zu beherr-schen. Einen Augenblick lang ging ihm wahrscheinlich durch den Kopf, dass man ihn vielleicht nur mit die-sem ganzen Schwall schöner Worte überschwemmte, um ihm ein paar Bücher zu verkaufen. Doch ich ließ ihn nicht einmal diesen tröstlichen Gedanken fassen. Da ich es ihm ansah, sagte ich ihm, ich hätte den Ein-druck, dass sein Misstrauen ihn schlimmer einengte und täuschte, als es jede Hinterlist vermochte. Nun war ich in Fahrt und konnte mich nicht mehr brem-sen. Ich redete noch, während ich ihm herausgab, und ich vertat mich zu unseren Gunsten. Er sah vom Wech-selgeld zu mir – konnte das stimmen? –, schwankte, und schon brachen wir beide in Lachen aus. Vermut-lich fuhr er zurück nach Appleton, Wisconsin, oder

wo auch immer er seine Geschäfte und sein Privatleben führte, und berichtete seiner Frau, dass er in New
York auf eine Verkäuferin getroffen war, die »mit der
Zunge Prügel-Suppe« austeilen konnte, sodass man
gar nicht mehr an sein Wechselgeld dachte.

Wir erzählen gerne Geschichten, in denen wir wahren Löwenmut beweisen. Vielleicht ist die hier reine
Prahlerei, doch ich sah sie immer als Beweis dafür,
dass noch der schlimmste Wichtigtuer sich den wahren Werten beugt. Wir scheitern in Buchhandlungen
durch das, was uns an Wissen fehlt. Die hungrigen
Schafe blicken hoch, aber niemand füttert sie, wie es
bei Milton heißt. Aber wenn der Buchhandel im welt-
weiten Kampf um Bildung seinen Platz einnehmen
könnte und großzügig weitergäbe, was ihm aus der
ganzen Welt zuströmt, würden dann nicht die Stum-
men sprechen und die Toten auferstehen?

Für uns war es stets eine Großtat, wenn wir einem
Verleger ein Buch verkauften. Mr. Knopf vom gleich-
namigen Verlag kam gelegentlich um die Mittagszeit
vorbei und kaufte fürstlich ein. In der ersten Zeit lös-
ten alle großen Verkäufe heftige Gefühlswallungen
in uns aus. Eines Samstagnachmittags – wir hatten
bereits seit etwa drei Wochen eröffnet – rief Mrs. Philip Lydig bei uns an und fragte, ob wir ihr eine Liste
mit Büchern zusammenstellen würden, die sie für die
Sommersaison in ihrem Landhaus anschaffen könne.
Sie erwartete etliche intellektuelle Gäste und nannte

uns die Themen, für die sie sich interessierten. Am Sonntagmorgen ließen wir alles liegen und stehen und arbeiteten den ganzen Tag an der Liste. Um halb fünf schickten wir sie ihr durch einen Lieferjungen. Am nächsten Morgen kam eine junge Dame in den Laden und überbrachte uns die Nachricht von Mrs. Lydig, dass sie all diese Bücher nehmen würde, wenn wir sie bis Mittag abholbereit hätten. Ach, diese 500-Dollar-Bestellung! Wie sie uns aufrichtete. Damals war jeder Verkauf wichtig. Mrs. Lydig kam in einer fliederfarbenen Limousine und fuhr mit vollem Wagen davon, ehe sie zurückkehrte und noch einmal Berge von Büchern einlud. Als wir uns zwischen den kärglichen Resten niederließen, sah unser kleiner Laden aus wie nach einem Umzug.

5. Kapitel

Eine Woche vor der Eröffnung hängten wir einen Zettel ans Schwarze Brett der Art Students League, dass wir einen Jungen aus einem der Abendkurse suchten, und Michael O'Neil meldete sich. Michael war ein großer, kühler junger Ire mit spitzer Nase und leicht spöttischem Blick. Vom ersten Tag an betrachtete er uns mit einer Mischung aus Ehrfurcht und Ironie, was er nur mit Mühe vereinbaren konnte. Er kam aus Waterville, New York, wo er bei einem Metzger gearbeitet hatte. Er wusste, wie man einen Laden führte. Ein Laden ohne Registrierkasse oder Portobuch, wie bei unserem übereilten Eintritt in die Geschäftswelt, war in Michaels Augen ein Ding der Unmöglichkeit. Wann immer es möglich war, sorgte er für geregelte Verhältnisse, und wenn er uns später an der Vierundvierzigsten Straße besuchte, ließ ihn die Art und Weise, wie wir unseren Laden nach und nach organisiert hatten, vor Behagen geradezu schnurren.

Michael fühlte sich mit brennender Sehnsucht zur Kunst hingezogen, was für mein Gefühl ganz aus ihm selbst kam. Immer wieder blieb er stundenlang verschwunden, wenn er Bücher in Arthur Davies' Atelier zu liefern hatte. Wahrscheinlich war Mr. Davies so gutmütig, ihm seine vielen wunderbaren Zeichnungen, die zahlreichen Ölbilder und die Vitrine mit den kleinen Kunstschätzen zu zeigen, die hinter der Tür stand. In langen Gesprächen mit Mary und ihrem Mann debattierte er über den Postimpressionismus und die auf ihm aufbauenden Experimente, wobei sich Esprit und philosophischer Weitblick aus Waterville, New York, gegenüber gereifter internationaler Erfahrung blendend behaupteten. Immer wieder lieferte er uns Kostproben seines Esprits, und wir ließen alles liegen und stehen, um ihm zuzusehen, wenn er seine Parodien von schwierigen Kunden oder Mr. Homer im Disput über den Heizkessel zum Besten gab.

Eines Morgens fand ich ihn in einer Haltung über den Besen gebeugt, die darauf hindeutete, dass er diese Pose schon geraume Zeit innehatte.

»Wissen Sie, Miss Jenison«, begann er in seinem schleppenden Yankee-Irisch, das so gut zu seinen funkelnden Augen passte. »Wissen Sie, also eines beschäftigt mich wirklich immer wieder, und dann denke ich, dass ich doch kein Genie bin – nämlich dass ich keinen einzigen Fe-ehler habe.«

Michael war der erste einer langen, bunten Reihe von Ladengehilfen. An dem Morgen, als er sich gegen die Kunst entschied und uns sagte, er habe einen guten Posten in der chemischen Industrie in Aussicht, sofern er ihn noch am selben Tag antreten könne, blickte ein junger schottischer Schauspieler von einem dicken

Buch über Possenspiele auf, das er gerade auf der Bank unter dem Fenster las. »Ich kann gerne ein oder zwei Wochen als Ladenjunge bei Ihnen einspringen, bis Sie jemanden haben, wenn Sie möchten«, bot er uns an.

Er war einer dieser jungen Menschen, die man häufig in Buchhandlungen findet und die zwar viele Talente, jedoch keine Tugenden haben, wenn man von der Fähigkeit zur Freundschaft absieht. Er erholte sich gerade von seiner Beteiligung an der militanten Suffragettenbewegung in England. Man hatte ihn im Gefängnis zwangsernährt.

Allan schrieb Gedichte, tanzte, sang Folksongs und hatte mit Miss Hornimans Truppe auf der Bühne gestanden. Ich wusste, dass er sich nicht zum Ladenjungen eignete, doch ich dachte, dass er vielleicht ein oder zwei Tage lang mit einem Liedchen auf den Lippen Bücher bei Baker & Taylor abholen und einpacken könnte, um sie mit der Post zu verschicken. Ich gab ihm einen Schlüssel und bat ihn, um halb neun da zu sein, um den Laden zu kehren. Er sah verblüfft drein, und es wunderte mich nicht, dass er nicht da war, als ich am nächsten Morgen kam. Ich krempelte die Ärmel hoch und putzte den Laden selbst. Gegen zehn Uhr stieß ein eleganter junger Mann, der offensichtlich bei den besten Schneidern fertigen ließ und ein Spazierstöckchen am Arm hängen hatte, die Tür auf und drückte mir ein Schreiben in die Hand. Darin stand:

Ich bitte Sie tausendmal um Verzeihung, aber ich kann nicht Ihr Ladengehilfe werden. Bitte sehen Sie mir die Unannehmlichkeiten nach, die ich Ihnen verursache, während ich meinem Magen die Unannehmlichkeiten nachsehe, die er mir verursacht. Außerdem habe ich Schnupfen und fahre jetzt aufs Land.

In Liebe

Allan

»Aber das bringt uns in entsetzliche Schwierigkeiten«, sagte ich zu dem eleganten jungen Mann. »Ich habe mich auf Allan verlassen. Zwanzig Pakete müssen ausgeliefert und Verlagsbestellungen abgeholt werden. Was mache ich jetzt?«

»Was würden Sie denn von mir als Ladenjungen halten?«, fragte er so gelassen, als spielte er im ersten Akt eines Musicals. Eigentlich sah er aus wie ein Angehöriger des diplomatischen Diensts, was er auch tatsächlich war, wie sich herausstellte.

»Ich weiß nicht. Können Sie Pakete packen?«

»Ich weiß nicht«, entgegnete er. »Ich hab's noch nie versucht.«

Er sei zum Abendessen im Ritz verabredet und müsse rechtzeitig gehen, um sich umzuziehen, erklärte er. Ansonsten war der Handel perfekt. Wir bezahlten ihm 8 Dollar die Woche. Ich fand nie heraus, was das Ganze sollte. Er war der Sohn einer reichen kaliforni-

schen Familie. In Belgien hatte er in der amerikanischen Botschaft gearbeitet und war nun aus unerfind-
lichen Gründen nach Hause gekommen. Er hatte ein
sehr gewinnendes Wesen, erledigte alles tadellos, und
ich empfehle ihn hiermit als Chef jeder nur denkba-
ren Gesandtschaft oder als Präsidenten einer Firma,
die ihn eines Tages in ihre Dienste stellen möchte.
Immer wenn ich kam, hatte er die Hemdsärmel bis zu
den Schultern hochgekrempelt und putzte unter Ein-
satz von Besen, Schrubbern und Wassereimern nach
bester belgischer Tradition den Fußboden oder den
Gehweg von der Bordsteinkante bis zur Hausmauer.
Einmal erwähnte er beim Putzen Mrs. Frank Lowden,
eine Freundin seiner Familie.

»Natürlich könnte Mrs. Frank Lowden oder Mrs.
John Alexander oder Mrs. Zabriskie Gray eines Tages
hereinkommen und sehen, wie Sie hier den Fußboden
schrubben«, gab ich zu bedenken.

»Das stört mich nicht«, erwiderte er heiter, und
man sah ihm an, dass er das auch so meinte.

Wann immer dieser *jeune doré* bei der Rückkehr
von seinen Botengängen in der Tür stand und seinen Strohhut hoch über den Kopf lüftete, erhob ich
mich und ging auf ihn zu, weil ich dachte, ich könne
ihm hundert Bücher verkaufen, bis ich begriff, dass es
unser Ladenjunge war.

Ich habe vergessen, wer nach dem gepflegten Diplomaten kam. Vielleicht war es Isaac, der mit dem Geld,

das er hätte einzahlen sollen, eines Morgens nach Cleveland fuhr. Er schrieb uns, er sei sicher, wir würden ihn verstehen – sie sind immer sicher, dass man sie versteht –, und wir verstanden ihn auch. Es war in der Zeit, als die Fifth Avenue fremd und fröhlich aussah, voll mit tanzenden Transparenten und dem Klang marschierender Füße und tutender Hörner, sodass ich oft das Gefühl hatte, ich müsse ein Fallreep hinaufstürmen und irgendwohin auslaufen, und auch eine Buchhandlung könne einmal ihre Türen schließen und pausieren.

Im zweiten Sommer boten wir Jean Sebastian Bigger Zuflucht. Er war ein talentierter junger schottischer Pianist, aber in Großbritannien waren die Zeiten schlecht für Talente. Er hatte Empfehlungsschreiben bedeutender Persönlichkeiten nach Amerika mitgebracht, doch Amerika war viel zu beschäftigt mit dem Wechseln von Verbänden und dem Organisieren von Kampagnen. Alle hatten ihn vergessen. Als er eines Tages bei uns hereinschaute, hatte er seit zwei Tagen nichts mehr gegessen. Wir waren keine Wohltätigkeitsorganisation, aber Hunger ist ein überzeugendes Argument.

Mary sah mich an, ich sah Mary an, und wir stellten ihn als Ladenjungen ein. Leider konnte er überhaupt nichts von dem, was er hätte tun sollen. Er legte ein Engagement an den Tag, dass einem die Luft wegblieb, aber ich habe noch nie jemanden gesehen, der so wenig Bezug zu seiner Aufgabe hatte. Das Einzige, was ich ihn je mit unbestrittener Kompetenz habe in Angriff nehmen sehen, war das Gespräch. Er liebte es, sich zu unterhalten. Er kehrte von einem Botengang zurück, warf seinen Hut auf die Ecke unseres Tischs, ließ sich in einen großen Sessel fallen und plauderte, bis wir ihn bei der Hand nahmen und wegführten oder der Hunger ihm signalisierte, dass die Ladenschlusszeit gekommen war. Eines Tages entdeckte er Romain Rollands *Johann Christof* und war nicht mehr ansprechbar, bis er im Eiltempo alle drei dicken Bände ausgelesen hatte. Wenn es etwas gibt, wovor ich Respekt habe, dann ist das ein Mensch, der ein Buch liest, und ich habe oft zu ihm hingesehen, wie er zusammengekauert im Sessel saß, den Hut achtlos neben sich zu Boden geworfen, in seliger Versunkenheit, während die Pakete, die er eigentlich hätte ausliefern sollen, im Regal liegen blieben. Doch als er eine Stelle als Pianist in einem Filmtheater fand, verabschiedeten wir ihn mit Begeisterung.

Eines Abends mehr als zwei Jahre später, am Tag nachdem wir ins Haus des Yale Clubs gezogen waren, ging ich zum Essen zu ein paar sehr angenehmen Engländern, die im Ansonia wohnten. Sie hatten mich schon lange eingeladen, doch bis dahin fehlte mir immer die Zeit. Auch an diesem Tag hatte ich den ganzen Tag Berge von Kisten ausgepackt und Fußböden gefegt. Es war ein warmer Herbstabend, und die Vorhänge wehten sanft in den Fensternischen. Im Salon unserer Gastgeberin war ein feiner Imbiss angerichtet. Und wer anders sollte als zweiter Gast geladen sein als Jean Sebastian Bigger? Er trug eine Brille und hatte sich die Haare zu einem Wuschelkopf wachsen lassen. Bei meinem Anblick errötete er. Ihm fehlte die Lässigkeit unseres jungen Kaliforniers, und einen Moment lang war ich wohl Komplizin und Mitwisserin eines bedauerlichen Intermezzos in seiner Laufbahn. Doch schon bald besann er sich eines Besseren und widmete sich in gewohnter Manier der angeregten Unterhaltung.

Nach dem Essen forderte man ihn auf zu spielen. Ich hatte ihn noch nie spielen hören. Einmal hatte er vorgeschlagen, ein Metronom und ein stummes Klavier im Lagerraum im ersten Stock aufzustellen, damit er üben könne, wenn es gerade nichts zu tun gab, doch dazu war es nie gekommen. Zuerst zierte er sich. Wenn er erst einmal angefangen habe, könne er nicht mehr aufhören, behauptete er. Wie wahr. Er spielte fast drei Stunden lang, ohne auch nur ein Wort an uns zu richten – ausschließlich Beethoven und Bach, und das in göttlicher Schönheit. Ich rutschte tief in das Sofa, auf dem ich zuvor höflich über das Gary-System und die Psychologie des Unbewussten diskutiert hatte, und fühlte mich bald wie im Himmel. Es war eine jener Begebenheiten, bei denen man der reinen Kunst ins Antlitz blickt und nichts anderes mehr wahrnimmt als deren engelgleiche Kraft.

Neben diesen eher distinguierten Persönlichkeiten hatten wir etliche fixe jüdische Jungen und so manchen typischen Amerikaner mit einem Fahrrad und einem Kopf voller Pfadfinderdevisen. Als der Laden größer wurde, arbeitete ich nicht mehr auf so engem Raum mit ihnen zusammen und lernte sie nicht mehr so gut kennen. Doch es gab noch ein weiteres Original, einen Menschen so voller Charakter, dass der Laden auf ganz natürliche Weise um ihn zu kreisen begann, wie ja eigentlich alles um Persönlichkeit kreist. Es war ein alter irischer Tierarzt mit dem schönen Namen Lou, den wir mangels eines jüngeren Gehilfen im Winter 1920 einstellten. Er war Tierarzt bei den irischen Füsilieren gewesen und kannte sich mit Hunden und Pferden so gut aus wie ich mich mit Literatur. Wenn er die Bücher abstaubte, murmelte er ihnen andauernd »W-u-u-usch! W-u-u-usch!« zu, als ob er ein Pferd zum Striegeln in den Stall treiben wollte. Sein Aussehen war einfach zu unglaublich, um wahr zu sein. Manchmal lief er mir in der Grand Central Station oder auf der Straße über den Weg, und dann starrte ich ihn regelmäßig einen Augenblick lang an, ehe ich begriff, dass er etwas mit der realen Welt zu tun hatte. Der Himmel weiß, wie er mit diesem beherzten Hüftschwung seine Hosen oben behielt, und mir ist schleierhaft, wie sein Hut im Lauf der Zeit zu so theatralischem Grün verwittern oder sich in diese unzähligen Falten verbiegen konnte.

Als wir eines Tages zu dritt über einem in ziemlich verquerem Französisch abgefassten Schreiben eines Pariser Verlegers die Köpfe zusammensteckten, schlich Lou eine Weile um uns herum, indem er Tintenfässer auffüllte und Regale abwischte, ehe er plötzlich hinter einem Bücherschrank hervorkam.

»Ich glaube, ich kann das übersetzen«, erklärte er, um es gleich darauf mit der größten Leichtigkeit und Klarheit unter Beweis zu stellen.

Da begannen wir auf Lous Persönlichkeit aufmerksam zu werden. Sein Geist besaß ein feines viktorianisches Flair. Noch wenn er sich zu einer schlüpfrigen Äußerung hinreißen ließ, blieb diese ausgesprochen dezent. Die Dinge, die er flüsterte, würde man heutzutage vom Washington Arch herunterschreien. Er hatte an der Dubliner Universität studiert. Oscar Wildes Vater war der Augenarzt seiner Familie gewesen. Zu dem Dichter selbst gab er keinen Kommentar ab, doch dessen Bruder sei ein guter Reiter. Lou inspizierte alles, was durch den Laden ging. Seine kritische Haltung gegenüber der Literatur orientierte sich stark an pferdelastigen Kriterien.

»Also *The Sheik* – davon hält Mrs. Clarke ja nicht viel«, sagte er, »dabei ist es doch wirklich ein so schönes Buch.«

Nie legte er die unerschütterliche Überzeugung ab, dass manche Bücher einfach nichts für zarte, nette, hübsche junge Damen sind.

»Also, dieses Buch würde ich an Ihrer Stelle nicht lesen«, sagte er missvergnügt zu Ruth McCall.

Einmal trafen wir ihn im Lager an, wie er Frederick O'Briens neues Meisterwerk *Atolls of the Sun* betrachtete. »Dieser Herr schreibt ziemlich viele solche Bücher, was?«, meinte er und sinnierte weiter. »Aber die Bilder sind schön«, fügte er hinzu, während seine Miene angesichts der Abbildung einer dunkelhäutigen Dame, die nichts als ein Lächeln trug, aufleuchtete.

Er kannte jeden Coupé- und Droschkenkutscher in New York.

»Sehen Sie die weiße Stute?«, konnte er fragen und wies auf eine Stelle drei Blocks weiter vorn, zwischen den Autos vor dem Plaza. »Vor drei Jahren war sie noch ein gutes Pferd.«

»Aber Lou, da ist doch nirgends ein Pferd«, wandte dann seine jeweilige Begleitung ein. Doch es war immer eines da.

»Wie geht's, Meigham?«, fragte er, wenn sich Pferd und Kutscher näherten.

»Wie geht's, Doc?«, erwiderte Meigham.

Ein junger Mann der guten Gesellschaft, der regelmäßig in den Laden kam, gab eines Nachmittags etwas stirnrunzelnd eine auf Französisch verfasste Karte ab, die in einen Gedichtband eingelegt werden sollte. Er hatte ihn eigens für eine Dame binden lassen, die in gehobenen Kreisen einen guten Namen hat.

»Er schreibt, seine Seele liegt in ihren Händen, aber das Tempus stimmt nicht, Mrs. Clarke«, sagte Lou zu Mary und hielt im Lagerraum die Karte in die Höhe.

In etwa der Zeitspanne, die es ihn gekostet haben mag, an ein Wörterbuch zu gelangen, war der junge Fitzhugh am Telefon. Wir sollten mit dem Buch warten, er käme in einer Stunde noch einmal vorbei, um eine Veränderung vorzunehmen.

»Ach, meinen Sie die Karte?«, hörten wir Lucy, die junge Buchhalterin, die immer alle bei Laune halten wollte, zuckersüß ins Telefon zwitschern. »Die hat unser Lou schon für Sie korrigiert, Mr. Fitzhugh.«

Wir stürmten allesamt auf sie los. Es dauerte ein bisschen, bis wir den jungen Fitzhugh beruhigt hatten, als er angerauscht kam, doch dann wurde Lou gerufen, und die beiden steckten über der Karte die Köpfe zusammen.

»Fitzhugh-Fitzhugh – mit seinem Vater bin ich schon etliche Bezirksrennen geritten«, sagte Lou, als er den Vorfall hinterher schilderte.

Lou wird dieses Buch niemals ganz lesen, denn an seinem Ende kommt kein Pferd vor, aber falls er jemals bis zu dieser Stelle gelangt, dann hoffe ich, dass ihm gefällt, was ich über ihn geschrieben habe. Denn obwohl er kein richtiges Zuhause hat und seine Mahlzeiten womöglich in einer billigen Cafeteria einnimmt, respektiere ich seine Lebensweise und seine Art, ohne nachzudenken allen zu helfen, die Hilfe brauchen, und zwar wesentlich tatkräftiger als viele Leute, an die er Bücher ausliefert. Außerdem bin ich fest davon überzeugt, dass es auf der Welt erfreulicher und unkomplizierter zuginge, wenn wir alle so leben würden wie er.

Eines Tages fragte uns eine Freundin, ob wir gerne eine Sekretärin hätten, wenn man uns eine bescherte. Wir nahmen geistesgegenwärtig an. Es war Christina. Mit ihrem glänzenden, pechschwarzen Haar und ihrer milchweißen Haut war Christina so schön, dass einem der Atem stockte. Christina war sehr verantwortungsbewusst. Sie besuchte morgens die Schule, arbeitete nachmittags bei uns und leitete abends die Pension, mit der sie ihre kleine Schwester und sich selbst ernährte. Doch eines Tages unterlief auch ihr ein Fehler. Fast den ganzen Morgen lang hatte sich eine Frau im Laden aufgehalten. Sie stammte aus einer Stadt im Mittleren Westen wie Chicago Junction, Ohio, oder Kenosha, Wisconsin. Sie sah sich alles an und wir unterhielten sie, weil sie das urbane Leben so genoss. Irgendwann muss sie ein kleines Gemälde der Isle Désirée von Herbert Crowley betrachtet haben. Vielleicht hat sie mich nach dem Preis gefragt, und vielleicht habe ich geantwortet: »Das kostet fünfundsiebzig.«

Als ich zum Mittagessen ging, sah sie sich immer noch um. Bei meiner Rückkehr erwarteten mich Mary und Christina in der Tür und sahen verstört die Straße hinauf und hinab. Unsere Besucherin hatte beschlossen, das kleine Gemälde zu nehmen. Alle waren beschäftigt – ob Christina es ihr wohl einpacken würde?

»Hat sie das Bild bezahlt, Christina?«, fragte Mary und kam rasch herüber, als sie eine Fremde mit einem unserer Schätze verschwinden sah.

»Ja, Ma'am, sie meinte, Sie hätten ihr gesagt, wie viel es kostet.« Christina öffnete die Hand und präsentierte einen Vierteldollar und einen halben Dollar.

Wir sahen in alle Richtungen die Straße entlang, doch sie war bereits in der Menge verschwunden.

»In meinen Augen ist diese Frau absolut redlich«, meinte Mary.

Ja, wir waren beide derselben Ansicht, doch wo war sie? Sie hatte erwähnt, dass sie in einem Hotel abgestiegen sei, aber in welchem? Christina war völlig zerknirscht, hatte jedoch eine Idee. Die Frau hatte zwei Bücher bestellt, die wir an eine Freundin in Akron, Ohio, schicken sollten. Konnten wir nicht die Freundin um ihre Adresse bitten? Als die Adresse kam, schrieben wir unserer Kundin einen Brandbrief. Ja, sicher, schrieb sie zurück, sie habe das Bild noch, es müsse irgendwo in ihrer Truhe sein – es gefiele ihr ohnehin nicht besonders. Sie wollte nur ein kleines Souvenir haben.

6. Kapitel

Im Lauf des ersten Winters kam der Laden in Schwung. Seitdem steht das Glockenspiel des Met Life Towers in meiner Erinnerung für die Vielzahl an neuen Eindrücken, die damals auf mich einströmten, als hätte ich ein zusätzliches Sinnesorgan entdeckt. Wir probierten alles Mögliche aus, um unser Lesepublikum zu vergrößern. Unser erster Versuch bestand darin, monatlich Postkarten über die acht oder zehn Bücher zu versenden, die wir interessant fanden, garniert mit kurzen persönlichen Kommentaren zu jedem Titel. Die meisten Verleger erklärten sich bereit, einen Anteil an den Kosten für diese Postkarten zu übernehmen, wenn ihre Bücher beworben wurden. Wir führten akkurat Buch über die Einkünfte, die wir direkt auf diese Karten zurückführen konnten, und erkannten nach fünf Monaten, dass die Karten zwar ihre Unkosten wieder einspielten, aber auch nicht mehr. Natürlich sind fünf Monate keine ausreichende Testphase für eine Werbestrategie, doch sie ging im Berg der anderen Arbeit unter, die sich rings um uns auftürmte.

Der Kürschner um die Ecke sowie ein Mann mit diskretem Blick und überkorrektem Revers, der nur ein gutes Buch kannte, *The Lunch Room,* das vom Hotel- und Gaststättenverband herausgegeben worden war – er wollte wissen, ob wir ihm noch andere empfehlen könnten –, brachten uns auf den Gedanken, Fachbuchlisten für verschiedene Branchen zusammenzustellen. Diese Ideensammlungen bestanden meist aus den fünfzehn bis zwanzig besten Titeln zu einem bestimmten Fachgebiet. Wir stellten uns vor, dass die ausgewählten Bücher in einem Flur oder vor einem Umkleideraum stehen würden, wo sämtliche Mitarbeiter Zugang zu ihnen hätten. Wir boten an, selbst vorbeizukommen und eine Einführung zu geben, indem wir jeden Titel in die Höhe hielten und seinen Inhalt zusammenfassten. Unserer Meinung nach sollten Bücher ein selbstverständlicher Teil des Geschäftslebens sein. Wir gingen davon aus, dass die meisten Leute vor Bibliotheken eine Art Schwellenangst empfinden. Wenn man mit 20 000 Büchern konfrontiert ist, liest man gar nichts, aber wenn man fünfzehn sorgfältig ausgesuchte Bücher zu einem interessanten Thema zur Hand hat, dann liest man sie alle. Es scheint nur eine Frage der Auswahl zu sein.

Wir investierten viel Arbeit in diese Ideensammlungen. Für einen Mann, der eine hohe Position in Tampico antreten sollte, arbeitete ich volle drei Tage an »Öl in Mexiko« – Angaben über Hafenanlagen und diplomatische Komplikationen im Umfeld des Ölgeschäfts eingeschlossen. Von einer Bibliothek zum Thema Seide, die ich in den Büroräumen einer Fachzeitschrift fand, konnte ich mich kaum losreißen –

die Geschichte der Seidenproduktion liest sich so spannend wie *Der Graf von Monte Christo*. Der Mann mit dem Öl in Mexiko kaufte nur ein Heftchen für 15 Cents, doch einmal verblüffte ich einen englischen Wirtschaftsexperten, indem ich ein Füllhorn mit Wissen über Öl in Mexiko vor ihm ausschüttete, wie man es in einem orange und rot gestrichenen Laden wohl kaum erwartet hätte. Zum Glück fragte er mich nicht nach Honduras.

Wir erarbeiteten solche Titellisten für die Seiden- und Baumwollbranche, in deren Zentrum wir unseren Laden hatten, für Kürschner, Juweliere, Antiquitätenhändler, Damenschneider und Kunsthändler. Es gibt derart faszinierende Bücher über all diese Gebiete, dass man sich stundenlang festlesen kann. Ich hätte dies gerne weiter ausgebaut und konnte mich gar nicht davon losreißen. Wir versuchten die Textilgeschäfte, die Fortbildungen für ihre Angestellten abhielten, davon zu überzeugen, in den Unterricht entsprechende Bücher einzuflechten. Die Verantwortlichen glauben ja, dass sich die Mitarbeiter für eine Schulung zum Thema Spitze in der Stadtbibliothek Bücher ausleihen; doch in der Realität sind die Bücher über Spitze immer gerade dann ausgeliehen, wenn die Unterrichtseinheit über Spitze dran ist. Erwirbt eine Angestellte in einer einzigen Stunde, die sie sich in eines dieser guten Bücher mit seinen Bildtafeln vertieft, nicht außerdem so viel Wissen, dass es die Kosten eines ganzen Bücherstapels wettmacht? Selbst Macy's hat mit uns über eine solche Bibliothek gesprochen, aber irgendjemand in einem Büro – weit weg vom Verkaufstresen – kam zu dem Schluss, dass sie das auch in Eigenregie zustande brächten. Aber natürlich schaffen sie das nicht. Sie stellen Auslagen zusammen, machen Werbung, beschäftigen einen Vertreter und bieten ihre Dienstleistung an. Aber sie haben niemanden, der Bibliotheken zusammenstellt.

Wir versuchten verschiedene Institutionen dazu zu bringen, Bücher aufzustellen: Immobilienmakler, Banken, Stadtverwaltungen, Handelskammern, Ausschüsse mit 1 000 oder 100 Mitgliedern – alle, die mit Dingen befasst waren, die eine spezielle Technik, eine spezielle Umgebung und einen speziellen Hintergrund erforderten. Wir boten an, ein Institut für junge Geschäftsleute auszustatten, wo jedes Buch ein Standardwerk auf seinem Gebiet sein musste. Henry Laurence Gantt sagte immer, die zwei wichtigsten Bücher über Betriebswirtschaft, die je verfasst wurden, seien *Das Leben Stonewall Jacksons* und die *Maximen* Napoleons, und wir haben etliche solcher Brocken in unsere Bibliotheken aufgenommen.

Für die J. Walter Thompson Company sollten wir eine Reihe Bücher über Farbpsychologie sowie die Psychologie verschiedener Landesteile und verschiedener Nationen zusammenstellen. Wir haben viele Bücher dort untergebracht, die streng genommen nicht dorthin gehörten. Doch wenn ich im Mittleren Westen oder in Japan Geschäfte machen müsste, hätte ich lieber Edgar Lee Masters' *Die Toten von Spoon River* beziehungsweise Kakuzo Okakuras *Buch vom Tee* bei mir als sämtliche je erschienenen Werke über erfolgreiche Werbung.

In unserem ersten Jahr führte die Encyclopedia Britannica eine massive Verkaufskampagne durch, und Earle Cox, der junge Vertriebsleiter der New Yorker Niederlassung, richtete eine Bibliothek für seine Mitarbeiter ein – jede Woche zwei oder drei neue Bücher – und erstellte einen Plan, damit möglichst viele davon auch gelesen würden. Seine Theorie war, dass Menschen am besten und kreativsten arbeiten, wenn sie sich für möglichst viele Aspekte des Lebens interessieren.

Wir erstellten eine Bürgerbibliothek für Wählerinnen, damals ein Novum in der Politik, und eine Bibliothek für einen Kindergarten in London, wo sich die Kinder, die ihn besuchten, und ihre Mütter Bücher ausleihen konnten. Wir steuerten eine Bibliothek zur Kampagne für Sozialmoral bei, die der Verein christlicher junger Frauen während des Krieges führte. Ein Damenclub in Porter, Nebraska, bat uns um Bücher, mit deren Hilfe man die Bibel als literarisches Werk studieren könne. Wir schrieben an den New York Woman's City Club und machten die Damen darauf aufmerksam, dass sie über jedes der

Themen, mit denen sie sich beschäftigten, ein paar Bücher besitzen sollten, und jubelten vor Begeisterung, als sie zustimmten. In diese Bibliothek haben wir unverhältnismäßig viel Arbeit investiert. Die renommiertesten Koryphäen erschienen auf unseren Listen über Städteplanung, Kinderarbeit, öffentliche Hygiene, Wasserversorgung, Kriminalität, Schulversuche sowie Strafvollzug. Als sie fertig war, bildete sie mit gelegentlichen Ergänzungen den Grundstock für jeden zukünftigen Bedarf.

Einmal sagte ich zu einer großen jungen Dame, die aus Dayton kam und öfter unseren Laden aufsuchte, dass der Damenclub von Dayton, falls es einen solchen gebe, unbedingt eine Bibliothek brauche.

»Tja, die bekommen sie aber nur, wenn ich sie ihnen hinstelle«, erwiderte Mary Patterson gelassen und schritt zur Tat. Als Tochter eines Großindustriellen konnte sie sich das leisten. Viele grandiose und gute Bücher fanden ihren Weg in diese Bibliothek, die sie vermutlich allein durch Buchanzeigen nie erreicht hätten.

Eines Tages legte uns jemand das Programm der Jahrestagung des Rotary Clubs auf den Tisch, die kurz darauf in St. Louis stattfinden sollte. Das Thema der Tagung war »Der Kunsthandwerkerverband«. Ich mutmaßte, dass der Kunsthandwerkerverband in den Augen amerikanischer Geschäftsleute nicht weit von den Ideen des Gildensozialismus entfernt war, und schrieb an den Vorsitzenden des Programmausschusses, um ihm genau dies mitzuteilen. Als sein Antwortschreiben kam, notierte ich mir vom Briefkopf die Namen der Vorsitzenden sämtlicher anderen genannten Ausschüsse und verkaufte über sie Bücher an eine der großen Stahlfirmen und einen Rüstungshersteller.

Das hört sich vielleicht langweilig an, aber es war so belebend wie frisches Quellwasser. Sowie man beginnt, Ideen als Handwerkszeug zu begreifen, verwandelt sich die ganze Welt des Buchhandels. Wir erkannten, dass die Leute das lesen, was greifbar ist, und dass überall dort, wo das Leben pulsiert, auch die Gedanken pulsieren müssen. Wir versuchten stets, Neuland zu erschließen und Bücher an ungewohnte Orte zu bringen, wo sie die Arbeit inspirieren konnten. Je weiter wir uns aufs offene Meer wagten, desto frischer wehte die Brise unserer Ideen.

Ach, hätten wir nur alles tun können, was uns in den Sinn kam! Eigentlich haben wir nie irgendetwas ganz verwirklicht. Wir haben alles angefangen, es ausprobiert, während wir Pakete packten, sie auslieferten, Rechnungen überprüften, Bücher verkauften und uns abends mit der Buchhaltung abmühten. Im Grunde ist das Leben immer so – ohne Abschluss, überall lose Enden. Alles Große vollzieht sich in kleinen Schritten. Woran die eine von uns nicht dachte, daran dachte die andere. In dieser Zeit dachte ich an Mußestunden, wie man im Fieberwahn an Eiswasser denkt. Manchmal erzählte uns jemand, dass andere Läden unsere Ideen aufgriffen. Das hoffe ich sogar sehr. Manchmal tritt ein großes Geschäftstalent auf den Plan, das eine klare Vorstellung von Büchern hat und ihnen zu ihrem Platz verhilft. Geschäft ist Geschäft, sagen die Graubärte. Doch da bin ich anderer Meinung. Es ist Fantasie und Gesellschaft. Jedes große Geschäft beruhte ursprünglich auf einer Vision, genau wie jede Moral und jedes Tabu. Vielleicht wird eines Tages ausgerechnet eine Frau eine andere Art von Unternehmen gründen, das näher an den Tatsachen ist, und zwar dann, wenn Frauen sich den ihnen zustehenden Raum erobert haben. Nichts in der Welt ist so mächtig wie ein Gedanke, für den die Zeit reif ist.

Zufällig erfuhren wir von einem japanischen Buch über alte indische Baumwollstoffe. Damals, als die japanischen Häfen dem Westen noch verschlossen waren und die niederländischen Kaufleute nur einmal im Monat die Insel Deshima anliefen, brachten sie Textilien aus Persien, Indien, Ceylon und China mit. Die Japaner konnten damals lediglich Muster in die Stoffe einweben, jedoch keine Muster aufdrucken, und Agenten ihrer Regierung hatten es sich angewöhnt, zur Weiterbildung der einheimischen Textilkünstler von jedem besonders schönen Stoff heimlich ein Stückchen abzuschneiden. Es gibt ein altes Buch über diese Muster, voller farbiger Holzschnitte. Morris Crawford von *Women's Wear* hat mir erzählt, er habe eine Ausgabe davon im British Museum gesehen. Die Holzschnitte waren schon lange verblasst, und das Buch war sehr selten geworden. Zwei Jahre zuvor hatte ein Japaner eine neue Auflage herausgebracht, für die sämtliche Druckvorlagen neu angefertigt wurden. Es war ein majestätisches Buch. Nach seinem Eintreffen vertiefte ich mich wochenlang immer wieder hinein. Wir verkauften fast im Handumdrehen achtzehn dieser Bücher an große Seidenhersteller, ein paar Designer und Künstler. Das war einer unserer dankbarsten Versuche, wichtige Inhalte zu Leuten zu transportieren, die außerhalb der Zentren leben. Und da wir dieses Buch mit solcher Leichtigkeit verkauften, obwohl es wesentlich teurer war als die meisten Designbücher, hätten wir bei vollständiger Erfassung aller Interessenten sicher auch einige hundert Exemplare absetzen können.

Ich habe mir immer Bücher in Teesalons und Restaurants gewünscht. Bücher und Essen passen so gut zusammen. Wir gingen oft in ein verstaubtes italienisches Lokal an der Dreiunddreißigsten Straße, wo irgendjemand einen Kitschroman der Sorte »Ich werde dich heiraten, auch wenn unser Aufgebot mit Blut getränkt sein sollte« vergessen hatte. Das Buch lag auf dem Tellerregal, und immer wenn ich kam, las jemand darin. Schließlich las ich es auch. Es heißt, dass sich jedes Buch in einer Leihbücherei mindestens vierfach bezahlt macht. Ich wette, viele Leute würden 5 oder

10 Cents pro Abend für ein gutes Buch bezahlen, das sie lesen können, wenn sie allein zu Abend essen wie so viele Leute in diesen kleinen Lokalen, und sie würden immer wieder kommen, bis sie es ausgelesen haben. Ich stelle mir gerne vor, dass im Delmonico's eine edle Ausgabe von Anatole France liegt oder *How Germany Does Business* und *Geography and World Power* neben Aischylos und Melville im Hardware Club.

Der Krieg machte sich auch bei uns durch heftige Erschütterungen bemerkbar. Viele junge Männer suchten Buchhandlungen auf. Schon bald kamen welche aus dem Ausbildungslager von Plattsburg. Einer von ihnen hatte außer dem *Beowulf* und einem Gedichtband von Robert Frost seit sechs Wochen kein gutes Buch mehr in der Hand gehalten. Er habe die beiden buchstäblich in Fetzen gelesen, berichtete er. Er war Börsenmakler und sah die Welt auf einmal mit neuen Augen. »Also, früher ist mir nie aufgefallen, dass die Bäume unterschiedlich grün sind«, sagte er.

Eines Morgens las ich auf dem Weg ins Geschäft in der U-Bahn, dass sich am Tag zuvor in Plattsburg ein junger Mann nach der Ausbildung am Bajonett umgebracht hatte. Im Burenkrieg wurde sattsam bewiesen, dass Männer mit intellektuellen Ressourcen kriegsbedingte Extremsituationen überstehen, die ungebildete und einfachere Männer um den Verstand bringen. An diesem Nachmittag fragte ich Miss Bliss, ob sie eine Bibliothek nach Plattsburg schicken würde, und sie sagte ja. Noch nie haben wir mit so viel guter Hoffnung eine Bibliothek eingerichtet. Drei junge Werbeleute, die nach Art der drei Musketiere mehrmals die Woche Arm in Arm in unseren Laden zu kommen pflegten, halfen bei der Zusammenstellung der Liste, und etliche Stammkunden unseres Ladens beteiligten sich, indem sie die beredten Kritiken verfassten, die wir als Orientierungshilfe außen auf die Bücher klebten, damit sie gelesen wurden. Miss Bliss' Bibliothek war im Lager angelangt, noch ehe die American Library Association sich in Bewegung gesetzt hatte, und man sagte mir, dass die Kritiken auf den Büchern die Nachfrage nach den Büchern um fünfzig Prozent erhöhten.

Wir richteten noch drei weitere Lagerbibliotheken ein. Eine ging nach Chillicothe und wurde von einer Frau gestiftet, die zwanzig Jahre zuvor ihren Sohn verloren hatte. Eine zweite ging nach Texas. Die dort stationierten Männer, die an der mexikanischen Grenze auf einsamen Aquädukten und Brücken festsaßen, fünfzig Meilen vom nächsten Ort entfernt, hatten darum gebeten. Eine Frau, die zufällig mit anhörte, wie Mary diesen Brief erwähnte, steckte ihr einen Geldschein zu. »Hier – schicken Sie diesen Jungs Bücher«, sagte sie. Ein Banker, den ich eines Abends kennen lernte, gab uns noch mehr.

Das Hauptquartier des Roten Kreuzes in Paris schrieb uns, dass die Männer in Frankreich lautstark nach Büchern verlangten, die ihnen die Welt erklärten, in der sie sich befanden – deren Geschichte, Ressourcen, Wirtschaftsbedingungen, Liebesleben und Kunst. Stets gab es diese »kleine Minderheit«, von der der Y.M.C.A. feststellte, dass sie sich nicht durch Spielfilme oder die Vaudeville-Schönheit Eva Tanguay ablenken ließ. Ein Anwalt hatte angeblich Winston Churchills *The Inside of the Cup* siebenmal gelesen, weil es weit und breit das einzige lesbare Buch war. Mithilfe eines Geschichtsprofessors der Columbia-Universität hatten wir diese Bibliothek innerhalb von drei Tagen fertig.

Anfangs fiel es uns sehr schwer, den Krieg als Tatsache anzuerkennen und ihn dann auch zu verstehen. Irgendwie lag er jenseits aller Wahrscheinlichkeit, und all seine Auswirkungen schienen tief in Zusammenhänge verstrickt, von denen man nichts wusste. Ich vergesse nie, wie perplex ich war, als ich zum ersten Mal vom Balkan und von der Bagdadbahn hörte. Durch das, was wir lasen und in Diskussionen hörten, kamen wir allmählich zu dem Schluss, dass bestimmte Bücher über Länder und Angelegenheiten, denen zunächst nur wenig Bedeutung beigemessen wurde, besonders wichtig waren – Irland, Russland, Südamerika, der Balkan, die Frage der Bewaffnung und der Rüstungsproduktion, die Geheimdiplomatie, das Bildungswesen nach dem Krieg und die Propaganda in Deutschland. Zu diesen Themen stellten wir unter der Überschrift »Den Krieg verstehen – sechzehn Bücher« eine Bibliothek zusammen. Wir fanden, jeder könne sechzehn Bücher lesen. Der Krieg würde letztlich von der Nation gewonnen werden, die wusste, wie sie ihn nach einem Sieg für sich nutzen konnte – wobei es ganz den Anschein hat, als seien wir Amerikaner in gewissem Maße ein souveränes Volk, das sich nicht einmal das Beste durch eine Autorität vorschreiben lässt und nur anhand dessen agiert, was es selbst als richtig erkannt hat. Es ist die Angst und die Hoffnung des Buchhandels, dass hundertzwanzig Millionen Menschen in Amerika eine lebhafte Auffassung von Demokratie haben und sie eben nicht als hohl tönende Parole empfinden, sondern als etwas, was man lebt.

Diese Bibliothek verschaffte uns eine Menge Gratisreklame. Wir verkauften sie an zwei New Yorker Großbanken, zwei Regierungsbehörden in Washington, zwei Gemeinden im Staat New York, verschiedene Büros und eine Reihe von Einzelpersonen. Die *New Republic* widmete unserer Aktion eine ganze Seite. Die Werbung dafür war problematisch, weil wir keine Titel nennen wollten. Dann hätten die Leute sie nämlich bei Brentano's bestellt. Ich wurde gebeten, einen japanischen Kaufmann darüber zu informieren, der geschäftlich in New York zu tun hatte. Als er nicht reagierte, rief ich ihn an.

»Ja, das war eine hervorragende Liste«, sagte er. »Ich habe meine Sekretärin angewiesen, sämtliche Bücher darauf zu besorgen.«

7. Kapitel

Einmal suchte uns ein Mann von der Handelskammer auf, um sich nach unserer Werbestrategie zu erkundigen. Ja, was war unsere Strategie? Wir haben nie in der Presse inseriert, außer einmal, und zwar in der Woche nach unserer Eröffnung. Der Bundesverband der Frauenclubs tagte in New York, was uns als bemerkenswerter Zufall erschien. Kurz entschlossen brachten wir vier Zeilen in ihrem Bulletin unter. Daraufhin kamen zwei Frauen. »Was für ein hübscher kleiner Laden«, sagten sie. Sämtliche weitere Werbung, die wir innerhalb von vier Jahren hatten, ergab sich von selbst, weil die Presse uns gewogen war. Manchmal riefen uns Anzeigenredakteure an und teilten uns mit, dass sie noch ein bisschen Platz frei hätten – ob wir den haben wollten? Christopher Morley vom *Ladies' Home Journal* ließ uns in der Weihnachtsausgabe Empfehlungslisten veröffentlichen: Bücher für eine Freundin, die ihr Heim verschönern will, für eine, die sich fürs Theater interessiert, für eine mit einer Tochter oder einem Sohn im Teenageralter und so weiter. Er überließ uns eine ganze Seite für Bilder und kleine vermischte Geschichten, etwa wie wir uns beim Basketball die Nasen gebrochen hatten oder wo wir zur Schule gegangen waren. Er sandte uns sogar das »übliche Honorar« für diese gigantische Eigenwerbung, für die große Firmen Tausende von Dollars pro Seite bezahlt hätten.

Das Interesse der Allgemeinheit an Buchhandlungen ist enorm. Einige stellen sich Buchhandlungen als ideale Kulisse für Liebesgeschichten vor. Wir fanden uns in illustrer Gesellschaft wieder. Die *Press* aus Mexiko-Stadt berichtete ausführlich über uns, ebenso der *Observer* aus Kalkutta und das Jesuitenorgan *America*. Im *Holy Cross Magazine* erschienen wir neben Erläuterungen zum apostolischen Jahr. Schulklassen wurden ebenso zu einem Besuch bei uns geführt wie Gruppen aus Bibliotheksschulen. Ärzte und Psychoanalytiker baten uns, ihre Patienten als Gehilfen einzustellen, und John Emerson brachte uns zum Film. Die Straße wurde geräumt wie für die Rotkreuz-Parade. Dann stieg die Heldin aus ihrem Wagen und betrat den Laden. Ein Bösewicht folgte ihr, schlich sich ans Fenster heran und ballte die Faust. Unser Firmenschild schwang leise im Wind und trug unseren Namen zur gesamten Fangemeinde von Miss Constance Talmadge, die – wie viele? – neunzig Millionen oder mehr Bewunderer umfasst.

Was steckte dahinter? Wenn man etwas bekannt machen will, ist, neben der gezielten Werbung, sicherlich das Wichtigste, es im besten Sinne ehrlich zu gestalten – als etwas Eigenes und Lebendiges, das sich vom üblichen Einheitsbrei abhebt. Geben Sie der Welt etwas mit Charakter, das für Gesprächsstoff sorgt, und es wird Ihren Namen bis in alle Ewigkeit bewahren. Mary Elizabeths Bonbons unterscheiden sich nicht so wesentlich von anderen Bonbons. Es ist allein das Prestige einer fantasievollen Persönlichkeit mit einem Gefühl für Farbe und Gestaltung, das sich verkaufsfördernd auswirkt.

Nichts ist so erfolgreich wie Originalität. Ein Strom aus Tausenden von Büchern verließ unseren Laden, weil wir sie in ungewöhnliche, ausgefallene Verpackungen hüllten, und das taten wir, weil es uns Spaß machte. Manche Künstler, die an den Entwürfen mitarbeiteten, machten sie so hinreißend, dass man sich nur schwer entschließen konnte, die Bücher jemals auszupacken. Ein kranker Mann, der fünf davon nach New Mexico geschickt bekam, sandte sie alle zurück an seine Frau in Boston, damit sie sie sehen konnte, ehe sie ausgewickelt wurden. Manche Künstler reagierten sehr zögerlich auf unsere Anfrage, Bücher zu verpacken, doch dann regte sich das Interesse. Es war ein neues Medium. Spätabends in der Vorweihnachtszeit schoben wir den großen Tisch in den Flur hinaus, wo es wärmer war, und packten Päckchen, von denen sich keine zwei glichen – Gesamtausgaben von Lord Dunsany oder Rabindranath Tagore. Die Bücherbriefe, die wir vor Thanksgiving verschickten, waren unsere einzige Eigenwerbung. Sie gehörten zu unserem Konzept, zu unserem speziellen Anspruch, und sollten zeigen, wie wir diesen im Lauf des Jahres verwirklicht hatten. Die Menschen, die unseren Laden frequentierten, schenkten ihm seine Vitalität, und ihnen war er auch Rechenschaft schuldig.

Eines Tages kam ein Mann vorbei, der einstmals in meine Mutter verliebt gewesen war, um unser Geschäft in Augenschein zu nehmen. Der Glückspilz war Millionär geworden! Er hatte sein Geld als Pharmafabrikant verdient und war nun weltweit einer der beiden größten Arzneimittelhersteller. Von Pharmazie hatte er keine Ahnung. Dazu beschäftigte er Pharmazeuten. Sein Geld hatte er mit dem Verkauf von Ideen gemacht. Er war sehr nett, freundlich und gesellig. Außerdem lud er uns immer wieder zu den köstlichsten Abendessen in den Canadian Club ein – eine Wohltat für geplagte Buchhändlerinnen.

Zuerst war er zwei- oder dreimal am Laden vorbeigegangen, ehe er ihn entdeckte, da der orangefarbene Anstrich bereits reichlich verblasst war. Als er uns schließlich gefunden hatte, hörte er aufmerksam zu.

»Na gut, meine Damen«, meinte er, »das ist ja alles gut und schön. Aber verdienen Sie auch Geld?«

Nun ja, antworteten wir, nicht gerade viel – vermutlich machten wir sogar Verlust.

»Ja, *wollen* Sie denn kein Geld verdienen?«, hakte er mit pikiertem Unterton nach.

Doch, sagten wir, eigentlich wollten wir schon gerne ein bisschen Geld verdienen, falls es möglich sei.

100

»Also, an irgendetwas muss es doch liegen«, sinnierte er. »Können Sie Bücher verkaufen? Verkaufen Sie mir mal dieses Buch, dann sehen wir weiter.«

Mary verkaufte ihm vier Bücher.

»Also, daran liegt es nicht. Sie können Bücher verkaufen. Ich bin von diesen hier ganz begeistert«, erklärte er. »Es liegt daran, dass zu wenig Leute hier hereinkommen. Der Laden ist leer. Er ist nicht bekannt. Sie müssen die Kundschaft anlocken.«

Ja, das hatten wir uns auch schon gedacht. Fast alle Leute, die kamen, kauften Bücher, und fast alle kamen sie immer wieder, also glaubten wir, unsere Kundschaft werde sich im Lauf der Zeit stabilisieren.

Er schüttelte den Kopf. »Das dauert zu lang«, sagte er. »Der einzige Grund, warum Sie hier kein Geld verdienen, ist, dass Sie keine Werbung machen. Zeigen Sie mir mal Ihre Werbesachen.«

Wir holten sämtliche Prospekte und Bücherbriefe hervor, und er sah sich alle an.

»Ja, die sind schön!«, sagte er. »Aber die können Sie allesamt wegwerfen. Damit verkaufen Sie nichts. Sie müssen die Leute verblüffen. Passen Sie auf. Ich habe zurzeit nicht viel zu tun, und Ihre Idee gefällt mir. Sie müsste auch Ärzten gefallen. Ich kann meinen Ärzten alles verkaufen, was ich ihnen andrehen will. Ich nehme jetzt einfach Ihre Unterlagen mit, und wenn Sie mich die Sache auf meine Art angehen lassen, sehe ich alles durch, suche mir heraus, was ich gebrauchen kann, und verschicke für den Anfang gleich mal zehn-tausend Postkarten. In einem Monat sehen wir dann weiter, was wir noch für Sie tun können.«

Uns wurde ein bisschen mulmig beim Gedanken, was er vorhaben mochte, doch wir sagten dankbar ja, und er solle uns nur anrufen, wenn er noch weitere Informationen brauche.

»Ich will keine Informationen«, erwiderte er. »Ich kenne mich mit Werbung aus, und ich kenne meine Ärzte. Ich verkaufe nicht Ihre Bücher, sondern Ihre Idee.«

Damit ging er. Nach zwei Wochen kehrte er reich-lich geknickt zurück.

»Ich habe an Ihrer Idee gearbeitet«, berichtete er. »Aber irgendwie verstehe ich das nicht ganz. Bücher sind anders. Wenn man ein Auto kaufen will, will man es aus einem bestimmten Grund, aber Bücher will man aus ganz verschiedenen Gründen. Es wäre doch gut, wenn Sie mir etwas aufschreiben könnten, das Ihrer Meinung nach Ärzte anspricht, dann sehen wir mal, was ich damit anfangen kann.«

Also schrieb Mary etwas auf. Vor allem die Formu-lierung »eine Buchhandlung, in der auf jeden Leser das richtige Buch wartet« gefiel ihm. Er versandte fünftausend Karten. Soweit wir wissen, brachten sie uns keinen einzigen Kunden.

Während der Arbeit an unserer Kriegsbibliothek konnten wir noch eine der vielen Ideen verwirklichen, die wir nur kurz erwogen und dann zur weiteren Verwendung abgelegt hatten. In jenem Frühjahr und Sommer quoll die Fifth Avenue von Spruchbändern über. Wir entwarfen ein sehr schönes, großes in Kobaltblau mit unserem Signet, der Ladenadresse und der in Orange, Dunkelblau und Weiß aufgenähten Aufschrift »Den Krieg verstehen – sechzehn Bücher«. Wir hängten es eines Morgens bei gutem Segelwind vom Fenster unseres Lagers über die Avenue hinaus. Es hob sich mehrere Blocks weit gegen den Himmel ab und flatterte in der klaren Luft. Zu unserem Entsetzen erfuhren wir noch am selben Tag, dass die Fifth Avenue Association bereits vor Monaten eine Bestimmung beim Stadtrat erwirkt hatte, der zufolge keine Reklame mehr als soundsoviel Fuß auf die Straße hinausragen durfte. Unser Spruchband hing eindeutig zu weit hinaus.

Wir hatten noch nie von der Fifth Avenue Association gehört. Tausend Tode waren wir bei der Erschaffung unseres Meisterwerks gestorben, und so schritten wir unverzüglich zur Tat. Unser fabelhafter Antiquitätenhändler brachte für uns in Erfahrung, wer im Schilderausschuss der Fifth Avenue Association saß. Vorsitzender war ein Herrenausstatter aus dem nächsten Häuserblock. Er empfing mich mit einer schweigenden Verbeugung und berichtete mir, dass der Schilderausschuss im Lauf des Vormittags eine Sitzung wegen unseres Transparents abgehalten habe. Ich hielt die

Luft an. Man war zu dem Schluss gekommen, dass es genau die Reklame darstellte, die in der Fifth Avenue erwünscht war, und es daher hängen bleiben solle.

Ein Mann, der mit schöner Regelmäßigkeit drei- oder viermal die Woche in der Tür unseres Ladens stand, gehörte bald mit zum Inventar. Er war immer wie aus dem Ei gepellt, als träte er gleich vor den Trau- altar. Beim Hereinkommen sah er sich gut gelaunt im Raum um, als erwartete er, unter einem Tisch oder Stuhl einen Witz zu entdecken. Ständig suchte er nach Mitteln und Wegen, um Bücher in sein Haus zu schmuggeln, ohne seiner Frau gegenüber eine Erklä- rung abgeben zu müssen. Ehefrauen sind die natürli- chen Feinde von Buchhändlerinnen, weil sie ständig an die Milchrechnung denken.

Er hatte eine unverheiratete Tante, die sehr an ihm hing und ihm eine Bibel mitgeben wollte, als er den Einberufungsbescheid erhielt. Zu diesem Zweck kam sie bei uns vorbei. Er hatte sich bereit erklärt, eine Bibel mitzunehmen, wenn er eine bekäme, die »weder einem Leichenwagen noch einem Sarg« ähnelte, und so machten wir uns daran, eine zu binden, die anders aussah. Es ist schon seltsam, wenn man einmal darü- ber nachdenkt, wie die Puritaner über Generationen hinweg die Bibel vereinnahmt haben. Wir gestalteten eine im sattesten Orange, das wir beim Färber finden konnten, verzierten sie mit einer geprägten Wein- ranke aus Blakes *Die Hochzeit von Himmel und Hölle* und wählten statt eines Titels einen Satz aus Jeremia: »Kamen Worte von dir, so verschlang ich sie.« Die Tante war so begeistert, dass sie ihm noch ein Gebetbuch machen ließ, und als sein Schiff auslief, hatte sie auch das Gesangbuch, die Konkordanz und eine Sammlung von Heiligenleben in Auftrag gegeben. Den ganzen Krieg hindurch verkauften wir diese Bibeln, und sie haben bestimmt ihren Teil dazu beigetragen, die khakifarbene und streng reglementierte Welt, in die die Männer zogen, mit der Erinnerung daran aufzuhellen, dass es so etwas wie Schönheit gibt.

Einmal stellten wir eine Gedenkbibliothek für eine Stadt in Nebraska zusammen. Sie war dem Andenken einer Frau gewidmet, die mit fünfzig Jahren dort gestorben war. Die Bibliothek sollte den Idealismus der Jugend bewahren, den sie dort lange gepflegt hatte. Damit hatte sie praktisch völliges Neuland betreten. Ihr einziger Hoffnungsschimmer war gewesen, dass das Leben mehr zu bieten habe, als sie in diesem Provinzstädtchen ahnten, wo die wehenden Dornbüsche über die Bahngleise taumelten – man müsse nur danach suchen. Sie war eine wichtige Figur für die jungen Leute gewesen, und so füllten wir die Martha-Rowell-Bibliothek mit entsprechenden Büchern: Biografien von Elizabeth Blackwell, Rahel Varnhagen und Louis Pasteur, Thomas Henry Huxley, Benvenuto Cellini und J.J. Hill, dazu Slossons *Creative Chemistry*, Delands *Imagination in Business*,

Edward Carpenters *Wenn die Menschen reif zur Liebe werden* und Ewalds *Mein kleiner Junge*. Mir ist schleierhaft, warum nicht öfter solche Gedenkbibliotheken gestiftet werden, um die Kraft eines Verstorbenen weiterzutragen – zum Beispiel in die allgemeinen Stationen von Krankenhäusern, in Gefängnisse, in Pausenräume für Angestellte und wo auch immer die Geplagten, die Verwirrten und die Hilfsbedürftigen neue Lebenskraft aus den Büchern ziehen könnten. Wahrscheinlich liegt es daran, dass die Leute nicht an ihre Buchhändler glauben.

Es ist schwer, eine Geschichte wie diese wahr zu machen. Jenseits des eigenen Temperaments und romantischer Vorstellungen das Gleichgewicht aus Staunen und Scheitern zu erleben, das jede echte Arbeit ausmacht, grenzt an ein Wunder, wobei die Wahrheit immer interessanter ist als jegliche Fiktion. Wir hatten einen kleinen Laden, von dessen Existenz die wichtigen Leute kaum Notiz nahmen, waren selbstgefällig, streitbar, persönlich, in manchen Abläufen nicht allzu kompetent und mit so vielseitigem Geschmack, dass wir kaum Grundsätze kannten. Wir neigten dazu, unsere Unternehmungen als Heldentaten zu betrachten. Manchmal hatte ich das Gefühl, als flirteten wir nur mit unserer Idee, als inszenierten wir sie wie ein Konzert. Doch sie hatte von der ersten Stunde an etwas an sich, das unabhängig von uns war – etwas Wahres. Jedes Jahr verlief anders als das vorherige; gewisse Faktoren unserer Theorie zeichneten sich mitunter überdeutlich ab, während andere in den Hintergrund traten, um anschließend in einem menuettartigen Rhythmus wieder nach vorn zu kommen. Doch wie die Männer, die die großen Kathedralen erbauten, verkauften wir Bücher immer zu einem guten Teil für Gotteslohn.

Wie schafften wir unser Lesepensum? Wenn einem ständig interessante Bücher in die Finger kommen, bringt man es erstaunlicherweise auch fertig, viele davon zu lesen. Es gibt ohnehin nicht mehr als vier oder fünf gute Bücher im Monat. Fast jede lohnende Neuerscheinung hat zumindest eine von uns gelesen. Wir lasen morgens auf dem Weg ins Geschäft, hatten beim Mittagessen Bücher vor uns liegen, und lasen abends auf dem Nachhauseweg. Manchmal versuchte ich sogar, mich hinter einem Bücherregal klein und unsichtbar zu machen oder mich zwischen den Stapeln im Lager zu verstecken, wenn mich die letzten Seiten eines Buches in ihren Bann gezogen hatten, und dann las ich, bis man mich aufspürte. Seit jeher liebte ich Geschichten, in denen Menschen auf einsamen Inseln ausgesetzt werden oder sich im Dschungel verirren oder ohne Zuneigung heiraten. Von frühester Jugend an, als ich noch auf einem Ast im Baum las, bis heute verspüre ich einen ungestillten Hunger nach solchen Geschichten. Warum das so ist, könnte mir ein Psychoanalytiker sicher mit schonungsloser Deutlichkeit erklären – wenn ich ein solches Buch oder eine gute Biografie in Händen hielt, waren Kunden jedenfalls Schall und Rauch für mich.

Schon bald stellte sich heraus, dass unser wichtigstes Handelsgut das Gespräch war. Es machte die Hälfte der eingehenden und die Hälfte der ausgehenden Ware aus. Ich habe immer Angst vor charmantem Gerede. Durch Reden kann man alles ins beste Licht rücken. Der gute Redner regiert die Welt. Oft wärmten wir uns selbst daran und redeten Tatsachen schön, die uns missfielen. Doch letztlich erwies sich das Gespräch als wahre Mühle der Götter für uns. Und ich muss es aufgrund seiner wohltuenden Wirkung in Schutz nehmen. Das leise Raunen der Gespräche in einer Buchhandlung ist eines der angenehmsten Geräusche der Welt. Es darf nicht laut werden. In Buchhandlungen und in der Liebe spricht man leise. Doch wenn Menschen den Lebensnerv des Ladens bilden sollten, dann war es nicht an uns, den rechten Zeitpunkt zu bestimmen. Wir glaubten, wenn wir die Verbindung verlören, ließe sich das durch keine Mühe ersetzen. Also stützten wir die Ellbogen auf die Tische und redeten und lauschten, während die Morgenpost mitunter ungeöffnet wartete, und erfuhren Monat für Monat immer mehr von dem, was wir wissen mussten.

Eines Julimorgens rief jemand von der Bibliothek der Russell Sage Foundation an und fragte uns, ob wir ein Exemplar der Fisher Bill hätten. Wir versuchten seit Monaten, ein paar Exemplare der Fisher Bill zu bekommen, doch wir konnten niemanden auftreiben, der auch nur bereit gewesen wäre, einen so schlichten, einfachen Auftrag anzunehmen. Ich hatte keine Ahnung, wie wir an ein Exemplar kommen sollten, doch ich behielt die Nerven und antwortete der Bibliothekarin, dass ich ihr eines schicken würde, falls ich eines auftrieb.

Als ich mich wieder an meine Briefe setzte, stand auf einmal ein kleiner blonder Mann mit einem dünnen, schmalen Bart in der Tür. Er stellte sich mir als Dichter vor und legte einen Band seiner Werke auf den Tisch. Es war einer dieser schwelenden Julitage, an denen die Sonne ununterbrochen vom Himmel brennt. Ich wusste nicht, ob ich an diesem Morgen einen Dichter verkraften konnte. Eigentlich wäre mir nach lautem Heulen zumute gewesen. Doch er war ein sehnsüchtiger Mensch. Binnen weniger Augenblicke erkannte ich, dass er sehr authentisch war. Wir plauderten eine Weile über Kunst und Unsterblichkeit und »Natur und Hegel«, bis er mich fragte, ob wir die Handbücher von Porter Sargent dahätten. Porter Sargent war ein Freund von ihm, und als er ihn erwähnte, leuchtete seine Miene ein wenig auf, was den natürlichen Stolz der Buchhändlerin noch erhöhte, als ich mich nun umwandte und eines dieser recht seltenen Bücher aus dem Regal hinter mir zog. Ich erklärte ihm, dass wir es nicht wegen der Schul- oder Internatslisten führten, sondern wegen des redaktionellen Teils, der – soweit wir das nach oberflächlichem Durchblättern beurteilen konnten – vieles enthielt, was unseres Wissens sonst nirgends zu finden war.

»Ja«, bestätigte er, »es enthält eine hervorragende Zusammenfassung der Fisher Bill. Nirgendwo sonst habe ich die genauen Bestimmungen der Fisher Bill gedruckt gefunden.«

Binnen einer Stunde nach ihrer Anfrage rief ich die Bibliothekarin von Russell Sage zurück und sagte ihr, dass ich den gewünschten Text hatte.

Alle möglichen seltsamen und flüchtigen Dinge flossen gesprächsweise durch unsere kobaltblaue Tür herein und wieder hinaus. Eine Frau brachte uns eine Sammlung »gebissener« Muster von den Westindischen Inseln. Offenbar sitzen die Leute dort gerne am Lagerfeuer und beißen Muster in Stücke von Birkenrinde, die sie Freunden zum Geschenk machen. Man hält sie gegen das Feuer, um sie zu betrachten. Manche der Muster, die sie mitbrachte, waren so fein wie Ornamente aus dem dreizehnten Jahrhundert. Zwei Schneidezähne und sonst keine, sagte sie, seien die besten Voraussetzungen für Beißarbeiten. Von einer neunzigjährigen Frau stammte das erlesenste Beispiel dieser Kunst, die bereits im Aussterben begriffen war, noch ehe wir, die einstigen Eroberer, sie überhaupt zur Kenntnis genommen hatten.

8. Kapitel

In einer Buchhandlung kann alles Mögliche passieren. Und so geschah es, dass an einem Spätnachmittag im Winter ein Mann mit freundlich blickenden braunen Augen hereinkam, als ich gerade die Bücher wieder in die Regale stellte, die im Lauf des Tages herausgezogen worden waren. Die Straßen waren dick verschneit, und alles klang gedämpft wie aus einer fernen Welt. Im Winter war der Laden immer besonders anheimelnd, wenn fünfzig kleine Lichter in sommerlichem Pink aus sämtlichen Fensterscheiben blitzten. Unser Besucher erweckte den Eindruck, als hätte er ziemlich feste Ansichten, doch er ließ sich schnell begeistern und war – wie der Zuhörer aus William Hazlitts Essay über die Kunst der Konversation – auch neugierig auf andere Meinungen; so jemandem legt man gerne das Allerbeste vor. Er blieb lange. Ich muss ihm viel erzählt haben. Unter anderem auch, wie wichtig es wäre, dass ein Laden wie der unsrige Bücher verschenken könnte, etwa an unscheinbare junge Mädchen und Künstler mit hungrigen Augen, die manchmal sehnsüchtig ein Buch in die Hand nehmen. Gegen acht ging er.

Auf dem Land erzählt man sich Geschichten über den fremden Gast, der einen Raum mit Licht erfüllt, und als ich die kleinen und großen Münzen aufstapelte

III

und über der Abrechnung an meinem Bleistift kaute, kam mir der Raum heller vor als sonst, als hätte eine schöne Seele einen Hauch grenzenloser Güte hinterlassen. Am nächsten Morgen kam er zurück und spendete uns einen Fonds. Ach, dieser Fonds! Er machte den Laden perfekt. Wir verschenkten Bücher an einen farbigen Portier, der gelegentlich samstagabends vorbeikam und bei jedem Besuch für 10 Dollar Bücher kaufte, die die Wochenzeitschrift *The Nation* empfohlen hatte. Wir verschenkten sie an einen Jungen, der uns bestahl, und an eine körperbehinderte Künstlerin – eine junge Frau mit tapferen, klaren braunen Augen, die einen unverwandt ansahen wie aus einem Porträt von Frans Hals. Eines Tages fragte sie mich, ob sie mir einmal ihre Zeichnungen zeigen würde. »Ich habe sie dabei«, sagte sie, als ich bejahte, und holte unter ihrem Cape eine Mappe mit wunderbaren Illustrationen zu Tschechow hervor.

Wir schickten auch Bücher an die Mitglieder der Gewerkschaft Industrial Workers of the World, die in Chicago auf ihre Verhandlung warteten – die besten Bücher über die Arbeiterbewegung in England und Frankreich, weil wir fanden, dass die amerikanische Arbeiterbewegung zwar ein Programm, aber keine Philosophie hatte und dass eine Phase des wirtschaftlichen Niedergangs die richtige Zeit für eine Bestandsaufnahme ist. Aber vor allem verschenkten wir Bücher an gänzlich Unbekannte, an Leute, die lange in einem

Buch blätterten und es dann nach ausgiebiger Überlegung zögerlich und mit einem Seufzer wieder zurücklegten.

Nachdem uns Christopher Morley zu einem Millionenpublikum für unsere Buchempfehlungen verholfen hatte, bekamen wir im Frühjahr darauf einen Brief von einer Frau aus Kansas. Sie fragte uns, ob wir ein Buch über »praktische Bildung« für sie wüssten. »Ich bin vierzig Jahre alt«, berichtete sie, »und sehr ungebildet.« Sie erzählte, dass sie einen Jungen habe, der ziemlich gute Gedichte schreibe, doch die Rechtschreibung um keinen Deut besser als sie beherrsche. Wir antworteten ihr, dass wir uns mit Bildung auskennen würden und man unserer Meinung nach am nächstliegenden Punkt beginnen und sich von dort aus weiterhangeln sollte. Eine Titelliste für sie und ihren Sohn legten wir bei. Postwendend kam ein Brief zurück. Wenn die Getreideernte gut ausfiele, werde sie sich sämtliche genannten Bücher kaufen, erklärte sie. Offenbar fiel die Ernte nicht gut aus. Trotzdem schickten wir ihr zu Weihnachten die Bücher. Sie trafen an Heiligabend ein, und das Postamt gab ihr telefonisch Bescheid. Im nächsten Brief schilderte sie uns, wie sich ihr Henry mit dem Präriepferd im Schneesturm auf den Weg machte, um das Paket abzuholen, und zwar so plastisch, dass wir den Eindruck hatten, als wäre es gerade um die Ecke in der Zweiunddreißigsten Straße gewesen; dass sie im Weizengürtel lebten, wo man an klaren Tagen das nächste Farmhaus in zwanzig Meilen Entfernung sehen konnte, und dass sie einen »ungeheuren Preis für Rinnder« bezahlen würden. Dieses Jahr habe es in der »direckten Umgehbung« zwei Missernten gegeben. Sie lud uns zu sich ein, damit wir uns ansehen könnten, wie »Farmer ihre Farm beackern«.

Stille, belesene junge Jüdinnen mit wachen Augen und schönen Kleidern, die – wie Kedansky meint – »viel zur Weiterbildung von Schülern aus Slumvierteln und Sozialarbeitern beigetragen« haben, kamen manchmal aus den benachbarten Fabriketagen, wo sie in Textilbetrieben arbeiteten. Eines dieser Mädchen kaufte mir eines Tages einen Band Kurzgeschichten von Kuprin und Hobsons *Democracy After the War* ab. Bei dem dritten Buch zögerte sie.

»Nein, diesen Monat kann ich es nicht nehmen«, sagte sie nach längerem Nachdenken, ehe sie es weglegte.

Ich konnte sie nicht recht einordnen, wusste aber, dass ich schon mehrmals mit ihr gesprochen hatte.

»Nehmen Sie es ruhig mit«, sagte ich. »Wir können es uns leisten, Bücher an Leute zu verschenken, die sie brauchen.«

Sie sah verblüfft drein. Oh nein, das ginge nicht, entgegnete sie. Als sie ihre beiden Bücher aufschreiben ließ, gingen sie auf ein Kundenkonto mit einem Namen, den man in der Wall Street nicht mit dem einer kleinen jüdischen Textilarbeiterin in Verbindung bringen würde. Es war der Name eines unserer besten Kunden.

Nach vier Jahren hatten wir Filialen in Detroit, im Neighborhood Playhouse und in der Theatre Guild. Wir hatten bei Vorträgen im Garten des Colony Club Bücher verkauft, auf den Tagungen der Sozialisten und der Bürgerrechtler und auf der Internationalen Ärztinnenkonferenz. Angeregt durch all die Einflüsse, denen unser Laden offen stand, fingen wir an, jeden Dienstagabend eine Veranstaltung abzuhalten. Den Auftakt bildete eine Lesung von Theodore Dreisers Theaterstücken. Wir veranstalteten Dichterlesungen und eine Vortragsreihe über libertäre Erziehung, eine Debatte zwischen einem Theoretiker des Pazifismus und einem jungen Franzosen, der im Krieg gekämpft hatte. Einmal gab es eine Reihe über spanische Possenspiele und Volkslieder, und einmal diskutierten Amy Lowell, damals die wichtigste Vertreterin des freien Verses, und ein englischer Musiker mit interessanten Rhythmustheorien drei Stunden lang über Rhythmus. Im Raum wurde es kälter und kälter, doch die Leute ließen sich nicht vertreiben.

Wir hatten fünf Lyrikhefte und drei Bücher herausgebracht sowie drei Bücher aus England importiert und in Lizenz verlegt. Dazu kamen Hunderte von Büchern, die wir mit kunstvollen Einbänden versahen. Wir hatten die Werke etlicher unbekannter junger Maler verkauft, ihre Arbeiten in Ausstellungen untergebracht und Kritiker aufgetrieben, die darüber schrieben. Wir verkauften ein Kasperletheater, eine besonders raffinierte Marionette, Batiksachen und kleine Gläser mit Blütenhonig, dessen Geschmack seinesgleichen suchte. Mrs. Taylor brachte den Honig in der ersten Woche nach der Eröffnung vorbei, als wir fast noch zu viel zu tun hatten, um uns darüber zu amüsieren. Doch die Honiggläser waren ein solcher Blickfang, wie sie da – von uns völlig vergessen – auf dem Fensterbrett standen, dass ständig Leute danach fragten und ein Glas für ihre kranke Mutter oder aus irgendeinem anderen Grund kauften. Wir hatten eigentlich nicht vorgehabt, Honig anzubieten, doch Clara Taylor besaß eine ganze Wagenladung voll von einer Freundin aus Dakota. »Wir kriegen die ganze Ladung los«, erklärten wir, und das schafften wir auch.

Batik war damals für westliche Künstler ein experimentelles Verfahren. Ein paar Männer und Frauen, die wegen des Krieges aus Paris nach Hause zurückgekehrt waren, hatten es mitgebracht. Wir hatten ein paar Wandbehänge für unseren Laden ausgesucht und bald erstaunt festgestellt, dass sie sich sogar verkauften. Dazu gibt es auch eine Geschichte: Eine junge Braut aus Winesburg, Ohio, kaufte einmal einen gebatikten Sofakissenbezug für 35 Dollar bei uns. Nie zuvor hatte sie für einen Kissenbezug mehr als 1,35 Dollar bezahlt, doch hier ging es um etwas Besonderes – ihre

Aussteuer. Die Leute, die die Batiksachen fertigten, erzählten uns, die Bezüge würden sich waschen lassen wie Handschuhe. Das schien mir bemerkenswert, und ich gab es so weiter. Etwa ein Jahr später kam eine Freundin von ihr in den Laden und musterte uns ausgesprochen streng. Die Braut hatte ihren Kissenbezug gewaschen, doch er war ausgegangen. Alle Farben seien ineinander verlaufen, erklärte die Freundin. Ich sagte, sie solle ihn zurückbringen, da ich mir sicher war, dass die Frau, die ihn gemacht hatte, die Sache regeln würde. Also brachte die Freundin den Kissenbezug vorbei. Er war ursprünglich von ziemlich greller Farbe gewesen, Tangerinerot direkt aus der Tube. Das, was die Freundin aus ihrer Handtasche zog, war alles andere als tangerinerot.

»Also, das sieht doch schön aus«, sagte ich. »Viel schöner als vorher. Manche Leute legen Teppiche in Bauernkaten aus und lassen jahrelang darauf herumtrampeln, damit sie diesen Look bekommen.«

Die Freundin sah leicht verwirrt auf den Kissenbezug. »Also, er sieht wirklich schön aus, was?«, meinte sie und steckte ihn nachdenklich wieder ein. Wir hörten nie mehr ein Wort von der Braut.

Ich weiß nicht, wie wir dazu kamen, all die Dinge zu verkaufen, die wir nie hatten verkaufen wollen. Jedenfalls gab sich keine von uns der Illusion hin, unter einer Glasglocke zu leben, in die nichts eindrang, was nicht unmittelbar mit unserer Arbeit zu tun hatte.

Als wir etwa drei Monate geöffnet hatten, kam ein Mann von der Rating-Agentur Bradstreet's zu uns und wollte Daten über unsere finanzielle Lage erheben. Ich erklärte ihm, dass wir nicht wüssten, wie es um unsere finanzielle Lage bestellt sei, ich vielmehr gar nicht über sie nachdenken wolle und dass wir einfach versuchten, unsere Vision umzusetzen. Doch seinen Vorgesetzten genügte diese Auskunft anscheinend nicht, und so blieb er hartnäckig. Kurz vor Weihnachten kam er wieder, und ich versprach ihm, in den nächsten zwei Monaten eine Bilanz unserer Aktiva und Passiva aufzustellen und ihm, wenn er am ersten März vorbeischaute, ein paar Zahlen zu nennen. Als er schließlich wieder auftauchte, fand er wohl, dass alles gar nicht so übel aussah. Er schob meine Papiere beiseite, griff nach seiner Aktenmappe und sagte, alles erscheine ihm interessant und solide. Natürlich war es interessant für ihn – vor allem, es mit eigenen Augen gesehen zu haben.

»Ja, das stimmt. Ja, das stimmt«, wiederholte er immer wieder. Es hatte sich offenbar gelohnt, ihm einen Einblick zu geben.

»Macht es Ihnen denn keine Angst, so viele Dinge auf einmal anzupacken?«, fragte er schließlich.

Nein, erwiderte ich, uns machte es viel mehr Angst, uns irgendetwas entgehen zu lassen.

Die Post war ein Füllhorn der Verheißungen, das uns viermal täglich aus der großen weiten Welt ins

Haus gebracht wurde. Sollte mir mein Leben eines Tages zur Last werden, mir zu Ohren kommen, dass Lytton Strachey meine Autobiografie schreiben will, oder die Macmillan-Rechnung so hoch werden, dass schon der Gedanke daran unerträglich ist, würde ich dennoch nie abtreten, ehe die Morgenpost gekommen ist. Wir wetteiferten immer höflich darum, wer sie aufmachen durfte. Mit ihr kamen Kisten voller seltsamer und schöner Meeresdinge von einem Mann in Honolulu, dem wir einen bissigen Brief wegen einer Rechnung geschrieben hatten und der uns zu einem zuverlässigen Freund geworden war.

Einmal traf eine Kiste Orangen aus Kalifornien ein, einmal die Frottage eines Altarsteins sowie ausgefallene Fächer und Kämme aus Japan. Ein Märztag wurde ganz von Orangen und Orangenblüten beherrscht. Ihr Duft erfüllte den Raum, während unser Gehilfe sie am Treppengeländer zu einer großartigen Girlande im Stil von Della Robbia arrangierte und sie uns vor der Nase baumeln ließ, wenn man gerade mit einem Stammkunden im Gespräch war. Den ganzen Tag hatte ich das Gefühl, als müsste ich zur Tür hinauseilen, einen Dampfer der United Fruit Company besteigen und mit ihm auslaufen.

Je größer der Laden wurde, desto aufgeregter verfolgten wir die vielen Bestellungen und aufmunternden Briefe, die eintrafen:

Sehr verehrte Dame!
Leider hatte ich sehr große Schmerzen, Ihren
Namen und Ihre Adresse zu lesen, aber ich bin
viel interessiert an dem so interessanten Buch von
Dr. Pellew – Farben und Färben. Ich nehme mir
die Freiheit Sie zu fragen. Wissen Sie irgendeinen
Ort oder wo, ich den Gegenstand Tjanting kaufen
kann, den er erwähnt. Derzeitig bin ich in sehr
großer Eile und lege 3,58 Dollar bei, der Tjan-
ting-Gesamtpreis der Lieferung. Wahrscheinlich
werden Sie imstande sein, mir den gewünschten
Gegenstand zu überreichen.
  Hochachtungsvoll

*

Guayaquil, Südamerika
Sehr verehrte Damen!
Man hat mir aus den Staaten Ihr November-
Werbeblatt zugesandt. Schicken Sie mir ein
paar Bücher. Ich sitze den schlammigsten Saum-
pfad hinauf dreißig Meilen weit im Dschungel.
Mir gefallen Schriftsteller wie Conrad und Eli-
nor Glyn, aber ich hätte auch nichts gegen etwas
Leichteres.

*

Liebe Sunwise!

… ich habe ein Arbeitszimmer, wo man in der einen Ecke isst, in einer anderen schläft und in der dritten liest. In letzter Zeit ist es so kalt gewesen, dass ich alles auf eine Ecke beschränken musste, um es überhaupt hier auszuhalten. Ich genieße es, ins Feuer zu schauen. Im Morgengrauen wandert der Mond hinter den großen Baum und lässt die Szenerie wirken wie aus Tristan und Isolde. Die blassblaue Fensterscheibe und der Feuerschein spiegeln sich in der blauschwarzen Mahagonikommode, die ich für 75 Cents gekauft und für 5 Dollar Elizabeth verkauft habe – also gehört sie mir eigentlich nicht mehr.

»Das Rad, das die Sterne trägt« hat sich achtundzwanzig Mal über meinem Kopf gedreht, seit all das passiert ist. Das Leben wird immer den saftigen Biss eines Winterapfels haben, nur schmeckt es manchmal nach der rotwangigen Hälfte und momentan eben nach der anderen. Doch es gibt immer ein graues Haus mit einem eigenen Dach, einen Hickoryscheit fürs Feuer und einen Küchenschrank, in dem nie ein Knochen für einen fröhlichen Frechdachs fehlt. Habt ihr irgendwelche Bücher über brennend süße Liebe?

Francis

*

Freie öffentliche Bibliothek
von Newark, N. J.

Werte Mesdames!
Ich habe Ihr im November erschienenes Rund-
schreiben über Ihre Buchhandlung vorliegen und
nehme dies zum Anlass, Sie meines allergrößten
Interesses an Ihrem wohlüberlegten Unternehmen
zu versichern. Ich bin seit langem der Meinung,
dass es in diesem Land nie genug Buchhandlungen
geben wird, bis sich die Verlage den Buchhand-
lungen gegenüber großzügiger zeigen. Sie haben es
offenbar geschafft, dieses Handikap zu überwin-
den, wozu ich Ihnen gratuliere.
Mit freundlichen Grüßen
John Cotton Dana

Ich weiß nicht, wann oder wie unsere Brieffreund-
schaft mit dem guten Mr. Meredith Janvier aus Bal-
timore begann. Mr. Janvier kann 24 oder 70 Jahre alt
sein; er mag an die Herrschaft der Briten über Irland
glauben oder ein Mensch sein, der Bäume fällt. Aber
wir nahmen jeden Brief mit seinem Absender entgegen, als wäre es ein neuer Roman von Sir Harry Johnston, und wir hoben alle seine Briefe in einem eigenen
Ordner auf, um auf Teepartys in der Galerie daraus
vorzutragen. Einmal wurde die Vorlesende ermahnt,
lauter zu sprechen und »mehr Humor« zu zeigen, wie
einige Leute aus den hinteren Reihen hinzufügten. Als

ich eines Tages den Aktenordner heraussuchte, um einen neu eingetroffenen Brief abzuheften, waren sie alle weg. Jemandem hatten sie zu gut gefallen.

Es ist ein Jammer, dass ich Mr. Janvier nicht in Bestform präsentieren kann, aber ich will ihn auch nicht unzitiert lassen:

Liebe Mesdames und Monsieur!
Ich schicke Ihnen $$$ für den Lay Anthony. Las-
sen Sie noch einen rüberwachsen und schicken
Sie mir ne Rechnung. Eine moderne Buchhand-
lung ist ja gut und schön, aber Ihr Geld wollen Sie
doch auch kriegen. Gute Geschäfte. Beau-coup-d-
argent.
  Toujours
  Meredith Janvier

Bücher! Mache ich zu viel Aufhebens von ihnen? Sie klopfen an die Tür zur Zukunft. Sie sind so abwechslungsreich. Wenn jemandem der *Hamlet* nicht gefällt, dann gefällt ihm vielleicht *Louis Pasteur, sein Leben und Werk* oder *Simple Souls*. Ich kann beides empfehlen. Bücher lassen sich für alles verwenden. Der Dichter Campbell wischte sogar seine Rasierklingen an ihnen ab. Sie schenken uns Motive, Möglichkeiten, Prüfungen und Vorlieben. Wir finden in ihnen die Gedanken, auf denen das moderne Leben aufbaut, die ihm seinen Glanz verleihen, »unser wahres Glück, unseren Stolz«. Wenn ein Mann sein ganzes Geld in seinen Kopf gesteckt hat, dann hat er es, wie Franklin sagte, gut angelegt. Francis Place, den man auch den radikalen Schneider nennt, berichtet uns in seinen Briefen über den Debattierclub, dem er als junger Mann angehörte. Er erwies sich für ihn als wertvoll, weil er zum Bücherlesen anregte und das Bücherlesen einen lehrt, seine Fähigkeiten zu gebrauchen. Als Beweis führt er an, dass jeder, der diesem Club angehörte, ein Meister seines Fachs wurde. In Russland verschenken sie Bücher, so wie wir Schulbildung und Parks gratis zur Verfügung stellen. Bestimmt kommt irgendwann der Tag, an dem uns ein Bildungspolizist anzeigt, wenn wir nicht mindestens ein Buch pro Woche lesen.

Es steckt so viel Lebenskraft und Lebensfreude in Büchern! Die Freude, die Bücher vermitteln, lässt sich nicht in Worte fassen. Manche Leute finden Turgenjew und Tschechow deprimierend, doch wenn ich mit einem neuen Band von einem der beiden die Straße entlanggehe, spüre ich ihn wie warmes Gold und weiß, dass ich nur eine Mußestunde und einen bequemen Sessel brauche, um in höhere Gefilde aufzusteigen. Es ist, als berührte mich das Buch am Arm und sagte: »Schau doch!« Wenn nötig, lese ich es sogar im Stehen. Es hat ein Stück Leben eingefangen – und die Konturen treten umso deutlicher hervor.

9. Kapitel

Weihnachten in einer Buchhandlung ist ein halsbrecherisches Abenteuer. Den meisten Menschen begegnet Krieg höchstens als eine harmlose, friedliche Angelegenheit irgendwo auf einer Zeitungsseite. Etwas ganz anderes ist es, wenn man ihn in einem sechs mal zehn Meter großen Raum erlebt. An Heiligabend im ersten Jahr traf um Mitternacht telefonisch eine große Bestellung ein, verbunden mit der Bitte, ob wir das Gewünschte zustellen könnten. Lucille Deming, die gerade in einem Folioband über maurische Architektur schwelgte und deren Profil aussah wie auf einer Renaissancemünze, erbot sich, das Paket an der Adresse auf der Fifth Avenue abzugeben, wenn wir sie damit in den Bus setzten. Demütig empfahl ich sie Gottes Gnade, während der Schaffner das Paket hinaufhievte. Als ich zurückkam, verkaufte Mary immer noch Bücher.

Einmal traf am Nachmittag des 23. Dezember eine umfangreiche Lieferung aus England ein, auf die wir seit zwei Monaten gewartet hatten. Als um ein Uhr morgens sämtliche Lieferscheine abgeheftet, die verkauften Bücher ergänzt und alle Regale geordnet waren, packten wir mitten in der Nacht die Kisten aus. Sie enthielten Dinge, auf die wir uns schon lange gefreut hatten, und wir vertieften uns bis zum frühen Morgen in die Novitäten. Nie habe ich ein Bücherpaket mehr genossen.

Im dritten Jahr, am Nachmittag des 23. Dezember gegen vier Uhr, entglitt uns unser Schicksal vollkommen. Wir stapelten eine Bestellung auf die andere – auf dem Fußboden im Flur, auf den Fensterbänken und an den Wänden. Ein Harvardabsolvent aus einem benachbarten Immobilienbüro war mit einer Gruppe von Freunden hereingekommen. Wir hatten alle Hände voll zu tun, sodass er begann, seinen Freunden die Bücher selbst zu verkaufen, und wir ihm ein Warenausgangsbuch in die Hand drückten. In einer Ecke richtete er seinen eigenen kleinen Basar ein. Einer alten Dame gefiel eines unserer verzierten Päckchen, doch das Etikett war abgegangen, und sie wollte unbedingt wissen, ob *Der blaue Vogel* von Maeterlinck in der Kinderausgabe oder der Interchurch-Bericht über den Stahlarbeiterstreik darin enthalten war. Er kannte kein Erbarmen mit ihr. »Ich habe ihr das Päckchen verkauft«, flüsterte er, während er das Wechselgeld einsortierte.

Helen Arthur kam gegen achtzehn Uhr vorbei, bedachte uns mit ihrem Kennerblick und meinte, dass das beste Weihnachtsgeschenk, das sie uns machen könne, ein Taxi zum Ausliefern von Büchern wäre. Irgendjemand greift einem doch immer unter die Arme. Wir schlossen sofort und begannen Pakete zu packen. Mr. Huebsch, der Verleger, kam um acht und klebte Etiketten auf. Mrs. Niles erbot sich, mit dem Taxi loszufahren. Um neun Uhr bestellten wir es, dann schufen wir Ordnung im Laden und füllten die Regale auf. Mary zog sich einen dicken Pullover über und fegte den Gehsteig, weil dafür am Morgen garantiert keine Zeit sein würde. Es war schon fast zwei Uhr, als wir mit Brahday, dem deutschen Buchhalter, aus dem Lager herunterkamen. Mit einer brennenden Kerze wies er uns tänzelnd den Weg auf der Avenue. Wir gingen mit einem Gefühl nach Hause, als seien wir allem gewachsen, wie beschwerlich es auch sein mochte. Den ganzen nächsten Tag hindurch saßen wir in unserem sauber gefegten, geschmückten kleinen Laden und warteten auf Dinge, die nie geschahen, und Leute, die nie kamen. Es regnete, und jeder, der Onkel Timothy eigentlich ein Buch hatte schenken wollen, entschied sich dann doch für das Maori-Kriegsbeil, das Jamey aus Melbourne mitgebracht hatte.

Am Weihnachtsmorgen ist jeglicher Anspruch auf eine ruhige Atmosphäre im Laden dahin. Alles wird zu einem Gewittersturm aus fliegenden 5- und 10-Dollar-Scheinen, Rechnungen, Papier, Schnur und immer höher wachsenden Bücherstößen. Doch sobald man dazu kommt, Atem zu schöpfen, und sich im Spiegel betrachtet, hat man wie nie zuvor das Gefühl, Teil Zehntausender von Weihnachten zu sein. Die ganze Gedankenwelt, in der man sich bewegt, wird durch das Geschäftemachen, so anfechtbar es auch sein mag, erweitert. Und die Erfahrung endloser, ausufernder und unkontrollierbarer Arbeit, die aus einer nie versiegenden Quelle auf einen einströmt, sodass man sich selbst vergisst, ist ein eigentümlicher Schatz, mit nichts sonst im Privatleben vergleichbar. Selbst der Umfang meines Scheckhefts und der Kauf von siebentausend Briefmarken auf einmal waren lehrreich. In meinem ganzen Leben hatte ich noch nie so viele Briefmarken auf einem Haufen gesehen.

Kunden sind die Crème de la Crème, die halbe Miete. Anders ginge es gar nicht. An wichtige Persönlichkeiten kommt man normalerweise nur schwer heran. Rolland sagt, dass Pasteur in sechzig Jahren kein einziges Mal ins Theater gegangen sei. Einen Ryder hätte man nie auf dem Satinsofa eines Salons angetroffen. Doch Buchhandlungen besuchen sie alle. Und manchmal denke ich, dass die scheinbar uninteressanten Leute genauso interessant sind wie die interessanten. Die meisten Menschen, die wir kennen, ähneln uns selbst. Sie tragen die gleichen bestickten Wollblusen ohne Schulternähte oder mitternachtsblauen Mattatlas mit Musselinrüschen. Sie beschäftigen genauso viele Dienstmädchen oder lassen ihr Atelier zweimal die Woche von einer Putzfrau schrubben. Sie waren wie wir auf dem College, und sie waren ebenso oft in Europa. Wenn sie Griechenland bereist haben, haben auch wir das getan. Doch eine Buchhandlung lebt vom Pluralismus der Demokratie. Man trifft hier Menschen, mit denen man sonst nie in Berührung kommen würde – alle Sorten, die Großartigen und die Kaltherzigen, junge Strafentlassene und Ladendiebe. Nie zuvor hatte ich so viele Menschen um mich herum, bis ich einen Laden besaß. Wenn wir je so weit kämen, dass wir abgeschirmt hinter drei Ladengehilfen arbeiteten und unsere Namen in Mahagoni gerahmt auf dem Schreibtisch stehen hätten, fürchtete ich, ginge uns etwas unwiederbringlich verloren. Exklusivität hat immer ihren Preis.

Ich möchte mich keiner bestimmten Seite verschreiben. Jay Gould hat gerne versichert, er sei in einem republikanischen Bezirk Republikaner und in einem demokratischen Demokrat, und wenn es ungewiss war, war auch er ungewiss, und wenn es parteilos wurde, war er parteilos, doch blieb er stets ein Mann der Erie-Eisenbahn. Es ist kaum anzunehmen, dass sich Frauen in geschäftlichen Dingen grundlegend von Männern unterscheiden. Auch wir erben von unseren Vätern. Doch wenn uns die Natur näher am Stamm gehalten hat, wenn wir in die Geschäftswelt den Respekt vor dem Augenblick mitbringen und das Kleine und Schwache für ebenso wichtig erachten wie das Gereifte und Große, werden wir die schlimmsten Fehler vermeiden.

Mir gefiel es, dass der Laden so lebendig war. Dass eine Frau, die ein Buch hatte kaufen wollen, mit einem Airedalewelpen wieder ging, und dass gelegentlich Babys mitgebracht wurden, die weinten, als wäre die Welt nichts als ein Loch, in das man hineinbrüllt. Einmal diskutierten vier unserer besten Kunden eine halbe Stunde lang über die richtige Truthahnfüllung. Jeder von ihnen beharrte hartnäckig darauf, dass Kastanien, Zwiebeln, Tomaten und Trüffeln nach italienischer Art, Austern oder eine Würzmischung mit Salbei und Lorbeer die einzige und allein selig machende Art sei, einen Truthahn zu füllen, und sie vergaßen darüber Kunst, Geschichte, Philosophie und Wirtschaft. Ich mochte das, und außerdem regt es die Leute dazu an, zu lesen und gute Bücher zu kaufen.

Der einzige Weg, auf dem wir anderen näher kommen, führt über Gedanken, und wo Gedanken kursieren, öffnen sich Herzen. Als ich eines strahlenden Augustmorgens neben unserem Tisch stand, erzählte mir eine Frau ganz unvermittelt – weil ich sagte, dass ein bestimmtes Buch mir als Akt der Kompensation vorkam, durch den der Autor all das auszuleben suchte, was ihm die Realität versagte –, also ganz unvermittelt erzählte sie mir eine Liebesgeschichte zwischen ihr und einem großen Mann, der so einsam war wie ein Stern, eine Geschichte von derartiger Schönheit und Leidenschaft, dass die Wände zu weichen schienen und nur die Geschichte blieb. Sowie sie geendet hatte, musterte sie mich befremdet, sank auf einen Stuhl, starrte auf die helle, sommerliche Straße hinaus und vergaß mich.

Auf einer der großen Abendgesellschaften des Schriftstellerverbands fand ich mich unvermittelt zwischen Laura Jean Libbey und einem Mann, der mir seinen Namen nicht verriet. Seine Karte war unter all den Gabeln und Löffeln auf die andere Seite seines Tellers gerutscht, und so wandte ich mich Miss Libbey zu. Sie trug ein Kleid aus weißer spanischer Spitze, einen ausladenden, mit Spitzen besetzten Hut und Diamanten, so groß wie Limabohnen. Sie war zweifellos einer der liebenswürdigsten Menschen, neben denen ich je gesessen habe. Von Anfang an nannte sie mich »meine Liebe« und schilderte mir freimütig, wie man als Schriftstellerin Erfolg hat. Man hat Erfolg, indem man die Leser ein paarmal schockiert. Man schockiert sie immer wieder. Bis sie nach einer Weile fragen: »Was ist denn das?«, muss man Unmengen schreiben.

Der Mann auf meiner anderen Seite gab nichts von sich preis und schien auch den Informationen, die ich ihm über mich gab, keine nennenswerte Bedeutung beizumessen. Jedes Mal, wenn ich einen neuen Anlauf nahm, musterte er mich kurz, als ob ich nur mit knapper Not seinen Ansprüchen genügte, und widmete sich erneut seinen Gedanken. Auf einer Abendgesellschaft amüsiert man sich gefälligst und unterhält sich mit seinen Tischnachbarn, sonst geht man nach Hause. Also versuchten wir immer wieder, ins Gespräch zu kommen, doch es war, als stiege man eine zu steile Treppe

131

empor. Mit unübersehbarem Mangel an Begeisterung wünschten wir einander eine gute Nacht. Eines Tages kam er in unseren Laden und blieb zwei Stunden, und wenn er noch bis neun geblieben wäre, hätte ich geschworen, dass er reden konnte wie ein Wasserfall. Es war James Branch Cabell.

Kunden haben so ihre Eigenheiten. Alle, die sich nur umsehen wollen, sind mir suspekt. Aber wir waren stets dankbar für Leute, die kamen, um zu spionieren, zu schnüffeln oder auch zu stöbern, selbst wenn sie ihre Belesenheit wie ein Schild vor sich hertrugen. Und warum sagen manche, dass sie kein Buch kaufen, weil sie es ohnehin nicht behalten wollen? Bücher sind nicht zum Behalten da. Sie gehören zum Blutkreislauf des Lebens. Man behält ja auch nicht die Hebung von Kreislers Bogen, wenn er die letzte Note spielt, oder den Tee aus dem Plaza oder einen Strauß blauer und roter kalifornischer Mohnblumen mit ihren pelzigen Knospen. Und warum erklären sie, dass sie Kindern keine Bücher schenken wollen, weil Kinder sie nicht schonen? Bücher sind nicht dazu da, dass man sie schont. Ein Buch ist ein Werkzeug fürs Leben. Ein Denker mag Seiten heraustrennen, wenn er sie braucht, und sie mit sich herumtragen. Ein Kind muss mit einem Buch kommunizieren, so viel es kann – es muss auf dem Fußboden mit ihm leben. Bei all der Komplexität der Dinge, die es zu schätzen und zu bewahren gilt, wird ein Kind garantiert nicht die Faszination von

Büchern kennen lernen, wenn man es von ihnen fern hält, weil es ein Blatt herausgerissen hat.

Manchmal verbrachten Jungen und Mädchen auf der Suche nach einem Geburtstags- oder Abschlussgeschenk ganze Vormittage mit dem Durchforsten der Regale. Sie kauften vieles, das ihnen meiner Meinung nach später nichts mehr bedeuten würde. Aber was haben sie alles gelernt! Manchmal glaube ich, dass man für ein Kind nichts Besseres tun kann als ihm monatlich 10 Dollar für den Einkauf in einer Buchhandlung zu geben.

Mit der Zeit erwarb ich eine Sammlung von mehreren tausend Kunden – eine Art Kuriositätenkabinett. Da war zum Beispiel die füllige, in glitzernde Gaze gehüllte Dame mit ihrem großen, verzierten Hut und dem geblümten Tuch, die nach Patchouli roch und mit bebender Stimme etwas zu lesen verlangte, aber nichts Deprimierendes. »Ich will Ekstase. Das Leben ist Ekstase für mich«, erklärte sie.

»Madame«, fragte ich sie, »haben Sie in letzter Zeit mal einen Blick auf die europäische Landkarte geworfen?« Doch kein diplomatischer Zwischenfall konnte diese vollbusige Jugendliche mittleren Alters erschüttern. Sie war warmherzig und liebenswert. Ich begriff, warum ein renommierter Dichter sie zur Gefährtin seines Lebensabends erkoren hatte.

Ein alter Lektor, der langsam blind wurde, kam immer wieder, ebenso ein Priester mit wehenden

Gewändern und einem großen Silberkreuz. Es gab einen Maschinisten im schwarzen Baumwollhemd mit ölverschmierten Händen, der Bücher für die Weiterbildung zum Meister wollte. Eines Abends im Frühling räumte ein Mann einen ganzen Tisch mit Büchern über die irische Frage ab – sage und schreibe 58 Exemplare. Drei Jahre lang war er in Südamerika gewesen und hatte nach Bodenschätzen geschürft. Er stammte aus Irland und war Bauunternehmer, der Typ Mann, der Wert auf gute Klempnerarbeit legt und seinen Hut auf den Hinterkopf schiebt, weil ihm das Selbstvertrauen schenkt. Er hatte MacDonagh, Pearse und Casement gut gekannt und wollte nun alles ganz genau wissen.

Ein junger Mann ließ sich von uns jeden Samstag ein Buch aussuchen, das er am Sonntag lesen wollte. Er blieb den ganzen Sonntag im Bett und las. Einmal setzte ich ihn auf Romain Rollands *Johann Christof* an. Ich gab ihm zuerst den zweiten Band, weil ich das für die beste Methode hielt, diesen dreibändigen Roman zu lesen. Zuerst freundet man sich mit der Hauptfigur an, ehe man nach einer Weile zurückgeht und über ihre Kindheit liest. Man beginnt nicht immer mit dem Tag der Geburt. Unser junger Mann ließ sich von der Idee begeistern. Er kehrte am Montag zurück mit dem brennenden Wunsch nach der Fortsetzung. Als er am nächsten Samstag mit seinem Buch unter dem Arm entschwand, strahlte er wie ein Weihnachts-

baum. Aber wie grimmig musterte mich der Unglück-
liche am folgenden Montag. Am Sonntagmorgen
hatte er gefrühstückt und seine Zeitung gelesen. Dann
hatte er genüsslich die Hand nach seinem Buch ausge-
streckt und sich auf sechs Stunden ungestörten Lesens
gefreut. Doch als er das Päckchen aufmachte, hätte er
mir am liebsten den Hals umgedreht – es war der gleiche Band wie am Samstag zuvor!

Einmal kam die Herzogin der Park Avenue, aufge-
donnert bis zum Anschlag, und wollte für die Kom-
militoninnen ihrer Tochter Geschenke zur Abschluss-
feier am Vassar-College. Es sollten fünf werden, und
sie wollte niemanden bevorzugen. Die ersten fünf
gewählten waren zu klein und die zweiten fünf zu
groß. Die Brauen meiner Partnerin verformten sich
zu kleinen Gipfeln. Die nächsten fünf waren sich zu
ähnlich. Die nächsten waren zu verschieden. Andere
schienen, nachdem wir sie aufgestapelt hatten, zu
kümmerlich zu sein oder zu protzig, es war alles Lyrik
oder gar nichts Lyrik. Die Wangen der Frau wurden
immer hohler, und ihre Augen schienen von einer
Knopfkarte zu stammen. Als sie ging, hinterließ sie
eine Reihe Fünferstapel und erklärte, dass sie nun
doch Halsketten besorgen wolle. Sie war völlig außer-
stande, sich zu entscheiden, und wenn ich ihr gegenüber nur einen Moment lang bestimmt aufgetreten
wäre, wäre sie mir gewiss bis ins Mark ihrer wächser-
nen Knochen dankbar gewesen.

Es kamen, unter moralischen Aspekten betrachtet, zweifelhafte junge Dinger, die eine »Problemgeschichte« wollten, ein Zirkusartist, der Lesestoff für seinen Sohn suchte – wo auch immer er von uns gehört haben mochte –, und ein junger Kerl, der eines Morgens den Laden betrat und mir bekannt vorkam. »Erinnern Sie sich nicht? Sing Sing«, erklärte er, und da begriff ich, dass er der Junge war, der uns herumgeführt hatte, als wir dort zu Besuch gewesen waren. Er war just an jenem Morgen entlassen worden.

Einmal kam ein kleines Mädchen, das unentwegt um Bücher bettelte, bis ihre Mutter sie streng zurechtwies. »Anne, ich sage es dir ein für allemal – du bekommst drei Bücher und nicht mehr.«

»Meine Mutter bekommt neun Bücher und ich nur drei«, bemerkte Anne trocken, während wir die Bücher einpackten, als wollte sie lediglich auf den Unterschied aufmerksam machen.

Eines Montagmorgens, als gerade nach und nach die Vorortzüge eintrafen, bestellte ein aufgewühlter junger Mann *Some One Like You* und *The Things He Said to Her.* Es gibt diese Bücher tatsächlich, und ich sandte sie an Mrs. Eustacia Gordon und malte mir eine Villa, den Mond, rosa Samtkissen und einen Pekinesen aus. Hoffentlich vermittelten sie ihr die Inbrunst dieses überschwänglichen jungen Mannes.

Von allen Leuten, die Stunde um Stunde, Tag um Tag und Monat um Monat bei uns ein- und ausgingen, mochte ich am liebsten die Geschäftsleute, die der Laden sanft bei den Schultern fasste und entführte. Wenn sie hereinkamen, sahen sie sich hektisch um und machten den Eindruck, als hätten sie gerade fünf Minuten, bis sie den Zug nach Pittsburgh besteigen mussten, und als wären sie nur dazu da, verschiedene Knöpfe zu drücken, mit denen sie Botenjungen loslaufen und Stenotypistinnen die Korrespondenz erledigen ließen. Sie wollten im Eilverfahren bedient werden, ihr Wechselgeld mit den geflügelten Füßen Merkurs erhalten und ihre Bücher eingepackt bekommen, während sie schon nach dem Spazierstock griffen. Dann nahm der Laden sie langsam gefangen, und wenn ich sie nun betrachtete, wie sie Gerichte, Aktien und Vorstandssitzungen komplett vergaßen und sich ihre Nerven entspannten, berührt von einer Atmosphäre ewiger Wahrheitssuche, dachte ich immer, dass der Laden genau das geworden war, was ich im Sinn gehabt hatte.

Es gibt den unverkennbaren Typus der jungen Großstadtgattinnen. Sie haben alle die gleiche Handschrift, das gleiche Lächeln, mit dem sie den Verkehrspolizisten aufhalten, die gleiche nervöse, gezwungene Gewandtheit, gepaart mit einer elegant-geschmeidigen kristallenen Anmut. Und sie sagen alle auf die gleiche Art »wunderbar«. Sie ersticken in Reichtum und sind davon eingelullt. Sie wirken, als hätten sie nie etwas anderes getan, als zu empfinden, aber ohne je ein Gefühl ausgelebt zu haben – ihr Dasein besteht aus Kathedralenbesichtigungen und wohligen Schauern zu Beethovens Fünfter. Granville Barker hat eine von ihnen in einem Stück verewigt. Noch schlimmer sind allerdings ihre Männer, wenngleich durch Arbeit gestählt und gesünder. Sie haben bei großen Entscheidungen das letzte Wort und einen auffallend starren Blick.

Genau bei dieser Bevölkerungsgruppe begann ich zu spüren, dass der Laden seinen Zweck erfüllte. Die Arbeiterklasse erreichten wir jedoch nie, obwohl wir es auf jede erdenkliche Art versuchten. Die Buchhandlung der Rand School mit ihrem Slogan »Arbeiter, bildet euch« kommt immerhin bei einem gewissen Segment der schlechter Entlohnten an. Alles, was wir an Wichtigem anzubieten hatten, floss über die Büros der Textilarbeitergewerkschaft, das Bureau of Industrial Research und bestimmte Männer und Frauen indirekt der Arbeiterklasse zu. Einer Frau in Japan schickten wir alles zum Thema Gewerkschaften, was wir von irgendwoher auf der Welt in die Finger bekamen. Ein junger Werftarbeiter bestellte einmal ein teures Buch über Schiffsbau, das aus England geliefert werden musste. Eines Freitags schickte ich ihm eine Karte und teilte ihm mit, dass es eingetroffen sei, worauf er am nächsten Nachmittag kam. Da die Samstagnachmittage auf den Werften frei waren, machte er gerade ein Nickerchen, als die Karte eintraf. Seine

Mutter weckte ihn. »John, das Buch ist gekommen«, sagte sie zu ihm. Das Buch! Also holte er es bei uns ab. Er blieb den ganzen Nachmittag da, blätterte die Hochglanzabbildungen durch und erklärte sie mir— an einem heißen Samstagnachmittag, wenn New York so leer ist wie ein Friedhof. Ich riet ihm, ein so teures Buch nicht allein zu kaufen, sondern dass eine Gruppe Männer von der Werft dafür zusammenlegen solle, doch er sagte nein, er habe das Geld jetzt und er wolle das Buch für sich allein haben.

Einmal bekamen wir einen Brief von einer Frau, die schrieb, sie werde im Frühjahr in ihr neues Haus umziehen, und da habe sie sich lange überlegt, uns zu fragen, ob wir Bücher im Wert von gut 200 Dollar für ihre Bibliothek auswählen würden. Sie selbst bezweifle, dass sie eine große Zahl von Büchern aussuchen könne. Ihr Mann sei »ein sehr wacher, aktiver Handwerker, ein Maschinist«, und sie wolle »qualitätvolle, hochwertige Bücher für ihn, die er nicht nur einmal, sondern mehrmals lesen könne – nichts Billiges, sondern lieber ein paar von den besten«.

Allmählich wurde es immer klarer, dass wir in erster Linie die Leute erreichten, die Hobson als »intellektuelle Reaktionäre« bezeichnet – Männer mit Macht, die es gewohnt sind zu denken, eine intellektuelle Elite, die jedoch dem sozialen Wandel im Weg steht. Mein Problem mit Ideen ist, dass sie immer denen zugute kommen, die sie als Erste haben, allerdings haben diese Männer viele Bücher gelesen, die sie ohne unseren Laden nie gelesen hätten.

Ich erwarte einen zusätzlichen Zacken in meiner Krone – falls ich je eine bekomme – für all die Anwälte, Banker und Börsenmakler, die sich meinetwegen auf die ätherische Welt des viel zu schweigsamen James Stephens eingelassen haben.

Etwa eine Woche vor Weihnachten im ersten Jahr bemerkte ich auf meiner Flucht vor dem Sturm auf dem Sofa am Fenster eine Frau mit aufmerksamen hellen Augen und einem Hut, so rot, wie ich noch nie einen gesehen hatte. Dem Anschein nach sah sie sich nur um und lauschte mit gut trainierter Selbstbeherrschung. Ehe sie ging, bat sie mich, einen Tag zu nennen, an dem sie mich in einer wichtigen Angelegenheit sprechen könne. Es sei wirklich wichtig. Wir sollten ihr dabei helfen, eine Seele zu entwickeln. Sie sprach schnell und lebhaft, garniert mit plötzlichen, reizenden Geistesblitzen wie prickelnde Bonbons. Es lag auf der Hand, dass sie sogar ein Heim angenehm gestalten konnte. Ihr Vater war Präsident einer großen internationalen Dampfschifflinie gewesen. Sie war vor ihrer Eheschließung siebzehnmal ins Ausland gereist und hatte mehrere höhere Bildungsanstalten durchlaufen. Sie war sozusagen dreimal gebildet worden. Ihr Mann war ein erfolgreicher Arzt. Sie mochte ihn. Sie hatten einen zehnjährigen Sohn. Sie war wunschlos glücklich.

Vor ein paar Jahren hatte sie begonnen, Geschichten zu schreiben. Sie konnte zu jeder Zeit innerhalb einer Woche eine Geschichte schreiben, für die ihr *Munsey's* oder *The Smart Set* 100 Dollar bezahlten. Man lud sie laut eigener Aussage zu Abendgesellschaften ein, weil sie alles in Schwung hielt. Genauso konnte sie eine Geschichte in Schwung halten. Geld brauchte sie nicht. Sie interessierte sich für Menschen. Doch irgendetwas stimmte nicht mit ihren Geschichten. Sie äußerte die in eine Frage gekleidete Vermutung, dass es eventuell nicht reichte, die Leute in Schwung zu halten. Bob Davis von *Munsey's* hatte ihr gesagt, sie sei wie ein wunderhübscher kleiner Bungalow, der auf ihn aber innen leer wirke. Ihre Geschichten hätten, wie sie es im reinsten Englisch ausdrückte, »keinen Mumm«.

Vielleicht halfen Bücher – was ich dazu meinte? Sie hatte einmal versucht, sich durch eine der Listen der hundert besten Bücher zu arbeiten, hatte jedoch bei Froissart aufgehört und war nicht weitergekommen. Sie wollte ein Jahr lang alles lesen, was wir ihr empfahlen, wenn wir es für sinnvoll hielten. Ich hielt es durchaus für sinnvoll, und es wurde zu einer der größten Freuden des nächsten Jahres. Die Herausforderung war natürlich, Bücher zu finden, die ihr gefallen würden. Binnen sechs Monaten wurde eine ihrer Geschichten von *McClure's* angenommen, und sie betrachtete die Therapie offenbar für beendet.

Ich habe eine romantische Angewohnheit mit oft genug katastrophalen Auswüchsen: Ich messe Menschen von weiß Gott woher Lebensumstände, Handlungsstränge und mögliche Enden bei und binde auf diese Weise jeden in eine versponnene Geschichte ein. Alle sechs bis acht Wochen erschien mit schöner Regelmäßigkeit ein Mann bei uns, ein asketischer, undurchschaubarer Mensch von sanftem Auftreten, dem ich die Fähigkeit zuschrieb, hinter die Fassade zu blicken. Er trug sein Haar lang und wirkte skandinavisch. Ich weiß nicht mehr, warum oder wann ich ihn zu einem Swedenborg'schen Pfarrer machte. Er kaufte stets interessante Werke – griechische Texte, die weniger verbreiteten Schriften von William Morris, und wenn wir nicht hatten, was er wollte, bat er uns, es zu bestellen, worauf ein langbeiniges, rosiges junges Mädchen mit langen, glatten Zöpfen die Bücher abholen kam. Ich hielt sie für seine Nichte. Ich malte mir aus, dass er mit seiner Schwester zusammenlebte – einer nüchternen Schwedin mit kühlem, klugen Gesicht, ernst, aber nicht kalt, und mit Augen wie klares Wasser, sehr aufrecht und mit einem kleinen Hut wie auf dem Porträt einer Dame von Anders Zorn, das ich einmal in einer Ausstellung schwedischer Künstler gesehen hatte. Ich versuchte mehrfach, ihn für Wirtschaft zu interessieren. Die Geistlichkeit muss über diese Dinge Bescheid wissen, fand ich, und er war ein besonders distanzierter Geistlicher.

Von Zeit zu Zeit drängte ich ihm wichtige Werke auf. Einmal versuchte ich sogar, ihn für Thorstein Veblens *Theorie der feinen Leute* zu interessieren. Ich erklärte ihm, was für einen phänomenalen Ansatzpunkt dieses Buch für das soziale Gewissen beinhalte. Doch allmählich wurde klar, dass er, wenn er sich denn je für Soziologie und Ökonomie interessieren sollte, jedenfalls nicht von mir dazu angeregt werden wollte. Er lauschte brav und aufmerksam all meinen Ausführungen und schmolz wie eine Schneeflocke zur Tür hinaus. Eines Tages bestellte er ein Gesangbuch mit lateinischen Kirchenliedern.

»Da muss ich mir aber Ihren Namen notieren, weil wir das ausschließlich für Sie bestellen«, erklärte ich. »Ich fürchte, wir werden lange keinen weiteren Interessenten für so ein Buch finden.«

»Mein Name ist Thorstein Veblen«, hauchte er kaum hörbar.

10. Kapitel

Der Charakter des Ladens, sein besonderes Wesen und seine Art, sich zu präsentieren, nahm allmählich Form an. Ich glaube, die platonische »Kraft eines geflügelten Wagengespanns« steckte in ihm. Aber mehr als alles andere muss er seinen Besuchern wohl ein Gefühl von Respekt vermittelt haben. Wir sahen uns alles bereitwillig an.

»Sich mitzuteilen ist Natur; Mitgeteiltes aufzunehmen, wie es gegeben wird, ist Bildung.« So hat es Goethe formuliert, und für uns war dies die moderne, kultivierte Art zu denken. Vor allem das, was neu und unbekannt ist, muss man sich unbedingt ansehen, weil es die Zukunft bergen könnte. Ich glaube, der Geist unseres Ladens war weniger revolutionär als vielmehr verwegen und im genauesten Sinne dieses schönen Wortes realistisch.

»Die Wahrheit! Die Wahrheit suchen wir.«

Immer wieder warnte man uns, dass wir den Laden mit unseren Prinzipien ruinieren würden. Wir hatten keine besonders auffälligen Grundsätze, doch man warf uns alles Mögliche vor. In den ersten Tagen des Kriegs war es leicht, jeden, der über Gerards Buch unglücklich war und die Meinung vertrat, keine große Revolution sei je durch Kämpfe zustande gekommen, als Parteigänger Deutschlands zu verunglimpfen. Ein dummer Schullehrer bewog die Regierung sogar zu dem Umstand, zwei Wochen lang unsere Post zu öffnen. Oft bekamen wir zu hören, wir seien die gefährlichste Brutstätte für sozialistisches Gedankengut im ganzen Land und ein Zentrum für britische Propaganda. Es gibt nichts Romantischeres, als gefährlich zu sein, und so spazierten wir mit stolzgeschwellter Brust umher, nachdem wir davon erfahren hatten, und versuchten wie irische Freiheitskämpferinnen zu wirken. Ein Spion, der nach der irischen Revolution die Sinn Fein auskundschaftete, blieb eines Abends noch eine Stunde lang da, als ich mich der unschuldigen Disziplin der Abrechnung widmete, und malte ein so grässliches Bild von Padraic Colum, wie man ihn geteert und gefedert und ihm gar noch an jede Schläfe eine Pistole gepresst habe, dass ich regelrecht ans Telefon stürzte, sowie er weg war.

Kaum hatten wir den Laden aufgemacht, begannen wir *Die sexuelle Frage* von Forel zu verkaufen. Wir fanden, dass jeder Forel lesen und mit dem ganzen Theater aufhören sollte. Im Sommer wurde der Verleger Mr. Rebman von der Gesellschaft zur Ausmerzung des Lasters vor Gericht gezerrt, weil er die 2,50-Dollar-Ausgabe herausgebracht hatte. Leute, die sich das 5-Dollar-Buch leisten können, sollen Forel lesen, aber Leute dagegen, die es für 2,50 kaufen, offensichtlich nicht. Wir erlebten eine schlimme halbe Stunde, als

Mr. Rebman kam und uns von der Klage erzählte. Da gab es unseren Laden gerade mal drei Wochen. Ein 2500-Dollar-Prozess, verbunden mit wochenlanger Vorbereitung, Gerichtsterminen und gehässiger Publicity hätte uns in diesen atemlosen ersten Wochen das Genick gebrochen.

Wir gingen zum Mittagessen, sprachen alles durch und beschlossen, Forels Buch weiter zu verkaufen, solange es erhältlich war. Am nächsten Tag kam Alice Lewisohn vom Neighborhood Playhouse vorbei und erklärte, dass sie uns einen Anwalt schicken werde, falls wir einen brauchten. Immer wenn in den nächsten Wochen jemand ein Exemplar von Forels Buch kaufte, fürchtete ich, er werde gleich seinen Jackenaufschlag umklappen und mir die Dienstmarke eines Sonderermittlers unter die Nase halten, doch dazu kam es nie. Als mich Mr. Rebman bat, als Zeugin für ihn auszusagen, stimmte ich mit der Bereitwilligkeit einer Heldin zu, die hervortreten und ein Kästchen mit einer Halskette in Empfang nehmen soll, nur um sechs Stunden im Vorzimmer des Gerichtssaals zu warten und dann zu erfahren, dass die Anklage aufgrund eines internen Sachverhalts abgewiesen worden war.

Keine von uns war Büchern gegenüber irgendwie argwöhnisch oder erwartete von ihnen, dass sie sich an einen bestimmten Kodex von Gut und Böse hielten. Genau wie die alten Griechen dachten wir in den Kategorien von Wissen und Unwissen. Ich lese alles, was die Lektüre lohnt, notfalls mit einem feuchten Handtuch um den Kopf zur Abkühlung. Sogar von einer De-Luxe-Ausgabe französischer Ausschweifungen, die – wie es unter Buchhändlern heißt – unter dem Ladentisch verkauft wird, las ich ein Drittel und überflog den Rest. Der Verleger behauptete, ich könne nicht wissen, was Stil ist, solange ich dieses Buch nicht gelesen hätte, und ich wollte unbedingt wissen, was Stil ist. Ich brach die Lektüre nicht etwa ab, weil ich schockiert gewesen wäre – D. H. Lawrence kann mich schockieren –, sondern weil ich nicht fürs Lesen bezahlt wurde und es, wie einer unserer jungen Gehilfen einmal seufzte, »so viele Bücher gibt«. Ich schlug eine Bresche für Dreiser, lange bevor er eine wichtige Figur der amerikanischen Literatur wurde, und zwar nicht etwa, weil mir seine Philosophie oder seine Methode gefiele, sondern weil ich sein Werk als ehrliche Arbeit mit einem Hauch Genie empfinde. Er ist einer der drei oder vier Menschen, die ich im Lauf meines Lebens kennen gelernt habe, die etwas Großes und Geheimnisvolles ausstrahlen. Seine Philosophie ist eine chemische Philosophie; er sieht nicht viel mehr im Leben als die Anziehungskraft zwischen Atomen. Die Wundertat besteht jedoch darin, zu erkennen, was wichtig ist, und das kann er nicht; deshalb ist *Das Genie* zu lesen für mich wie Tauchen in trübem Wasser. Dreiser wirkt ebenso kraftvoll wie rastlos, und er weiß um die Großartigkeit des Daseins. Er ist wie ein großes Auge, das sich hierhin und dorthin wendet, ein Adlerwesen.

»Das Leben ist schön und interessant«, sagte er einmal zu mir, »aber es ist nicht gut.« Nein, es ist weder gut noch schlecht. Es ist ein fremdes Land und liegt außerhalb dessen, was wir bisher kartografieren können, doch die Geschichte unserer Entdeckungen legt nahe, dass es stets irgendeine Wahrheit gibt, die der Erfahrung vorausgeht.

Wir lasen, schätzten und verkauften jedes ehrbare Werk. Unsere Aufgabe war es, das weiterzugeben, was mit edlem Sinn geschaffen worden war, und dafür zu sorgen, dass es in Umlauf kam, statt vergessen als Staubfänger in einem Stapel zu enden. Wir waren dazu da, Talente zu bekannten Größen zu machen, deren Bücher rasch von Hand zu Hand gingen.

Und so fielen wir mehrfach böse auf die Nase. Etwa drei Wochen vor Weihnachten im ersten Jahr betrat eine perfekt zurechtgemachte Frau unseren Laden. Alles an ihr wirkte inszeniert. Frisur, Schleier, Spitzenkragen und Rüschen und selbst ihre Miene machten den Eindruck, als wären sie eigens arrangiert worden. Sie verströmte einen zarten Duft nach parfümierter Seife. Ihre Handschuhe saßen, als hätte man ihre Hände geschmolzen und sie buchstäblich hineingegossen; doch man fragte sich unwillkürlich, ob es wohl etwas gab, das heiß genug war, um diese Frau zum Schmelzen zu bringen. Sie hatte eine lange, perfekt gestaltete Weihnachtsliste dabei. Jeder Name und jede Adresse waren in einer makellosen Handschrift aufnotiert; hinter der Zahl der Bücher, die an jede Adresse gehen sollten, standen Anmerkungen wie »ernst«, »Reiseliteratur«, »Humor«, und ihre Visitenkarte steckte an einer extra dafür vorgesehenen Stelle in einem Umschlag.

Vor meinem geistigen Auge sah ich, als wäre ich dort gewesen, den mit Mahagoni, holländischem Messing und glänzendem Chintz eingerichteten Salon, in dem sie all das komponiert hatte, und das Spinett, neben dem sie sich bei ihrer Beerdigung aufrichten würde, um vielleicht ein wenig spitz darauf hinzuweisen, dass es abgestaubt gehörte. Ich sah sofort, dass sie überaus korrekt war – sogar ein Bogen Geschenkpapier hätte das erkannt und sich schnurstracks von selbst gefaltet. Ich nahm mir vor, auf ihre mutmaßlichen Vorbehalte und Abneigungen Rücksicht zu nehmen. Doch der Buchhandel ist ein Tollhaus, wenn er einen erst einmal gepackt hat. Und sie reagierte ja so sensibel. Eine Freundin von ihr hatte zehn Jahre lang ihre kranke Mutter gepflegt und lebte nun bei einer unverheirateten Tante in Kalifornien. Sie mochte Stevenson, und ihr Lächeln war noch immer so lieblich wie Krokusse im Schnee. Das Lächeln habe vielleicht ich hinzugefügt. Auf jeden Fall schlug ich *Der goldene Hort* vor, damals noch ein Geheimtipp. Ich muss es als ein hinreißendes Erlebnis geschildert haben, dieses Buch zu lesen, auf das niemand verzichten könnte. Glaube ich zumindest. Was – Sie leben im Jahr 1917 und haben *Der goldene Hort* nicht gelesen? Sie nahm ein Exemplar mit, um ihrem Mann daraus vorzulesen.

Am Tag vor Weihnachten kam sie wieder, um uns zu sagen, was sie davon hielt. Henry James sagt, dass man erst dann weiß, wer eine Dame ist und wer nicht, wenn man mit der Betreffenden gestritten hat. Sie stritt wie eine Dame. Ihre Lider röteten sich beim Sprechen ein wenig, doch ansonsten blieb sie untadelig. Sie äußerte sich absolut unmissverständlich, knapp und vernichtend. Ihr Mann sei Arzt und ein Mann von Welt und habe erklärt, so ein Buch würde er nicht einmal einem Hund geben. Auf Seite 219 hatten sie, glaube ich, ein Wort gefunden, das ihnen besonders missfiel. Sie wollte möglichst ihre gesamte Bestellung widerrufen, falls der Band jedoch bereits an die bewusste Freundin gesandt worden sei, dann solle ich ihr schreiben und die ganze Verantwortung für *Der goldene Hort* auf mich nehmen. Vor dieser frostigen Gestalt senkte sich Stille über den Raum. Ich steckte Kerzen für die Heiligen an, als ich sie fragte, wo sie Bücher ohne Wörter hernahm, die ihr missfielen, und erklärte ihr, dass ihre Bestellung längst versandt worden sei, ich ihrer Freundin jedoch gerne meine Rechtfertigung schreiben würde. Sie sagte, das wolle sie hoffen, und dann ging sie nicht, sondern zog sich vielmehr zurück. Ich hoffe, ihre Freundin hat *Der goldene Hort* gelesen, ehe sie meinen Brief bekam. Falls nicht, vermute ich, dass sie es hinterher getan hat.

Wir hatten einen Kunden, an den ich manchmal denke und mich frage, ob er tot ist oder über eine weite Weidelandschaft reitet oder im südafrikanischen Parlament eine Rede über die amerikanischen Märkte hält. Ich weiß nur sehr wenig über ihn und habe ihn eher als eine »Rolle« in Erinnerung, etwa als Hamlet. Ich sah ihn zum ersten Mal an einem Sommermorgen, als ich in den Laden kam, wo er in Uniform vor den Regalen stand. Er hielt sich aufrecht, war elegant, eher klein, braunhaarig, schlank und schmal. Er war etwa dreißig Jahre alt und sah aus wie ein Mann, der das britische Weltreich mit aufgebaut hat. Ich kann einen Gasableser nicht von einem Artilleriehauptmann unterscheiden, doch er sagte mir später, dass er Letzteres sei. Ein Paradebeispiel für die hohen Tiere des englischen Militärs.

Es war ein betriebsamer Morgen. Er blieb den ganzen Vormittag über im Laden, lehnte sich an die Regale und blätterte ein Buch nach dem anderen durch. Nach geraumer Zeit machte er es sich in einem Korbstuhl bequem. Nur sporadisch nahm ich seine Anwesenheit bewusst wahr. Ich hatte das Gefühl, dass er nicht unbedingt ein leidenschaftlicher Buchliebhaber war, sondern ein Mensch, zu dessen gewohnter Umgebung und Ausstattung Bücher gehörten, und der wusste, wie man mit ihnen eine Pause überbrückt. Gegen ein Uhr mittags brachte er drei oder vier ausgewählte Bücher an den Schreibtisch herüber, über die wir plauderten. Es war kurz nach Kriegsende, und nach einer Weile begann er vom Krieg zu sprechen – ganz unvermittelt, wie es die Männer eigentlich immer taten, die dabei gewesen waren. Er erzählte, dass er den Befehl über eine Maschinengewehrstellung auf einem Hügel innegehabt habe und eine Reihe Deutscher von unten anrücken sah. Er mähte sie nieder, indem er den Lauf seines Gewehrs nach rechts schwenkte, bis eine weitere Reihe anrückte, worauf er den Gewehrlauf wieder nach links schwenkte und sie niedermachte und immer so weiter, den ganzen Sommertag lang. Er blieb länger. Seine makellose Haltung ließ einen innehalten, er hatte etwas Fesselndes an sich und zugleich eine extreme Mattigkeit, als wäre etwas in ihm zerbrochen. Und nun merkte ich, dass ich ihn eigentlich doch den ganzen Morgen beobachtet hatte.

Um vier hatte ich eine Verabredung, und so musste ich unser Gespräch um halb drei unterbrechen. »Entschuldigen Sie bitte«, sagte ich. »Ich möchte jetzt Mittag essen gehen und muss Sie daher der Obhut unserer Sekretärin überlassen. Ich habe nachher einen Termin.«

»Wären Sie so nett, mit mir zu Mittag zu essen?«, fragte er.

Zuerst zögerte ich, doch schließlich willigte ich ein. Und schon gingen wir los.

Er hatte zusammen mit seinen beiden Brüdern eine Ranch in Westafrika und berichtete mir beim Mittagessen davon – der Kral, die Eingeborenen, die Frauen mit ihren Babys, das Vieh, das Sonnenlicht, die Musik und sein Leben – und wie er das Anwesen vom einen Ende zum anderen abritt. Er sprach von seinen Verwandten in England und davon, wie er und seine Brüder sich sofort freiwillig gemeldet hatten und in diesem schrecklichen August 1914 in den Krieg gezogen waren. Und als ich ihn fragte, was er in Amerika tue, erzählte er mir auch das. Die britische Regierung hatte ihn beauftragt, sich über den Pfirsichanbau in den Vereinigten Staaten zu informieren. Sie wollten in Afrika damit beginnen, und er sollte Material für Vorträge sammeln. Es war eine leichte, angenehme Arbeit. Sie dachten, es könne ihm gefallen, umherzureisen. Man gab ihm noch etwa zehn Monate zu leben. Seine Lippen kräuselten sich, als er das sagte, als machte sich das »Oberhaupt der Unsterblichen« nicht unbemerkt über ihn lustig. Ich fragte ihn, ob es ihn sehr belaste. »Nicht allzu sehr«, war seine Antwort. Er war einsam gewesen. Nichts hatte richtig funktioniert. Er hatte nur zwei Freunde gehabt. Beim Thema Frauen zögerte er ein wenig, doch nach einer Weile machte er auch hier seinem Herzen Luft. Es war nie gut gegangen.

Er begleitete mich wieder zurück und blieb den ganzen Nachmittag, bequem in einem Sessel auf einem sonnenbeschienenen Fleckchen am Fenster sitzend, oder er schlenderte an den Regalen entlang und hörte verschiedenen Leuten zu, die in den Laden kamen. Er fragte mich, ob ich am Abend mit ihm essen gehen würde. Großstädte sind im Sommer alles andere als einladend, vor allem an den Wochenenden. Alles, was in einer Großstadt strahlend und anregend ist, verliert sich, und die Schleier, die zwischen den Menschen hängen, reißen entzwei. Geister kommen heraus und begleiten einen durch die sommerliche Stadt. Der Tag und die Nacht zuvor waren zu viel für ihn gewesen in dem ruhigen Familienhotel in der Mitte eines Häuserblocks, der nun, mitten im August, ziemlich ausgestorben war. Die Schrecken verfolgten ihn.

Nachdem ich meine Bücher zugeschlagen hatte, gingen wir zusammen essen. Ich hatte eigentlich keine Ahnung, was wir miteinander anfangen sollten. Er war allein in einer Stadt, in der er keinen Menschen kannte, und war in eine Buchhandlung gegangen, die ihm am Abend zuvor aufgefallen war, weil Bücher kraftvolle, lebensspendende Gegenstände sind — schon wenn sie nur an irgendeiner Stelle aufgeschlagen in der Hand liegen, beruhigen sie einen. Und nun bat er mich um etwas ganz Einfaches: ihn nicht allein zu lassen. Wir sprachen nicht alles direkt aus – dafür hatten die britischen Privatschulen gesorgt; außerdem sagte ich mir immer wieder, dass ich einen Hang zum Dramatisieren hatte und auf alle möglichen Selbsttäuschungen hereinfiel. Doch als ich da so saß und ihn betrachtete, wie er mit gesenktem Kopf an seinem Sellerie herumstocherte und auf die Glut seiner Zigarette schaute, wusste ich, dass es ihm in dieser Nacht leichter fiele, sich eine Browning gegen die Schläfe zu halten und das Reich der Schatten zu erkunden, als irgendjemandem sonst, dem ich je gegenüber gesessen hatte. Es gibt Situationen, in denen all die gewohnten Verhaltensmuster überhaupt nicht mehr weiterhelfen. Mir fiel kein einziger Freund in New York ein, mit dem ich ihn hätte bekannt machen können. Es war in der Zeit, als Mary und ich abwechselnd die halbe Woche auf dem Land verbrachten. Doch es war alles ganz einfach und klar, als stünden wir im Strahl eines Suchscheinwerfers, allein in einer endlosen und absoluten Finsternis, in der sich langsam irgendwo eine Tür öffnet.

Er bestellte eine Flasche Burgunder, von der er zu meiner Erleichterung ein bisschen zu viel trank, wodurch sich der Suchscheinwerfer etwas verlagerte. Als wir aus dem Hotel kamen, gingen wir die Avenue hinab bis zum Madison Square. Ich versuchte ihn nach besten Kräften zu unterhalten, und er lachte und musterte mich dankbar. Während wir ziellos über den Platz schlenderten, gestand er mir, dass er sehr müde sei. Er zögerte. Er habe zwei Nächte nicht geschlafen, sagte er. Er fragte mich, ob ich damit einverstanden sei, wenn wir uns eine Weile auf eine Bank setzten.

Sowie wir saßen, legte er den Kopf auf seinen Arm auf der Rückenlehne der Bank und schlief so plötzlich ein, dass es beängstigend war. Noch nie zuvor hatte ich eine solche Erschöpfung gesehen. Der Burgunder hatte seinen überanstrengten Nerven ein wenig die Spannung genommen.

Wir blieben bis drei Uhr sitzen. Er wachte mehrmals auf und fragte mich, ob es mir etwas ausmache, ehe er erneut einschlief oder zumindest in Schweigen verfiel. Der Mond leuchtete immer heller vom Himmel. Die tausend Fenster des Met Life Towers wurden dunkel. Die riesigen schwarzen Flächen auf dem Gras und den Wegen bewegten sich vor mir mit dem Wind. Nach einer Weile schien die Welt nur noch aus Schatten und Licht zu bestehen. Eine Zeit lang schlich ein Polizist um uns herum, doch ich winkte ihm ab, und er trollte sich. Eine Uniform wirkte immer noch Wunder. Mir fielen etliche Leute ein, von denen ich hoffte, dass sie nicht vorbeikommen würden. Die Luft wurde immer köstlicher, ehe sie sich ganz abkühlte und der Morgen zu dämmern begann. Nachdem er aufgewacht war, setzte mich mein junger Engländer in ein Taxi, das noch am Stand an der Avenue wartete. Er sagte nichts, außer dass ihn sein Schlaf erquickt habe. Er drückte mir fest die Hand und marschierte ohne ein weiteres Wort mit seinem wieder erstarkten, schwungvollen Schritt davon. Am nächsten Morgen wurde ich wegen eines Krankheitsfalls unerwartet abberufen, und so sah ich ihn nicht wieder, doch Mary schrieb mir, dass er in den zwei Wochen, die er noch in New York verbrachte, jeden Tag den Laden besucht habe und ein netter junger Mann sei. So ist das Leben in einer Buchhandlung.

II. Kapitel

Im Herbst des vierten Jahres zogen wir um. Unser gesamtes Dasein wandelte sich und ging in eine glattere, geräumigere Landschaft über. Selbst die Skyline sah anders aus. Die großen Flächen des Biltmore, auf die wir nun blickten, unterschieden sich von den unregelmäßigen Fassaden der kleinen Krämerläden an der Einunddreißigsten Straße so sehr wie Kontinuität von Konkurrenzkampf. Es gab einen Buchhalter. Es gab Schreibtische und zwei Telefone. Wir waren dem neuen Laden hinterhergejagt, als ginge es um eine Institution für die Ewigkeit, und hatten einen Mietvertrag für zehn Jahre unterschrieben. Wir sagten uns, egal wohin sich New York in den nächsten zehn Jahren auch bewegte, es konnte sich jedenfalls nicht von der Grand Central Station entfernen.

Das Tollste an unserem Umzug war, dass wir ganz hinten im Lagerraum ein geheimes Depot verschiedener Gegenstände entdeckten, die wahrscheinlich einmal dem Ausschuss für Wundversorgung gehört hatten. Dieser Ausschuss existierte schon lange nicht mehr, und so eigneten wir uns ohne schlechtes Gewissen die beiden ersten Schreibtische an, die wir je besessen hatten, sehr groß und faszinierend, dann stapelweise Bretter, aus denen wir weitere Regale zim-

158

merten, und genug Verbandsmaterial in allen Breiten, um uns zwei Generationen lang für sämtliche Notfälle auszustatten. Ich weiß noch, wie ich die Fifth Avenue hinauffuhr, wobei das Holz hinten weit aus dem Wagen ragte und ich mithilfe des Verkehrspolizisten um die Ecke der Vierundvierzigsten Straße bog, ohne einer einzigen Bank die Fenster einzuschlagen. In jenem Herbst war uns das Schicksal gewogen, und wir waren sehr glücklich.

Damals gab es zahlreiche heftige, reinigende Regengüsse, die unsere Stadt jung und schön wuschen und unsere Straße wunderhübsch machten, sodass der junge Prince of Wales ohne Weiteres von der Grand Central Station herbeieilen konnte. Doch nie entwickelte ich für den neuen Laden solche Gefühle wie für den alten. Trotz all der herrlichen Farben, in denen wir ihn strichen, sah er doch nicht anders aus als die Verlagsräume von Himebaugh and Browne. Wir konnten interessante Lackarbeiten aufhängen und uns gegenseitig versichern, dass dreimal so viel Laufkundschaft kam wie an der Einunddreißigsten Straße, und wir konnten mit einem Steinwurf zehn Clubs treffen, falls wir das wollten, und dazu noch vier Hotels. Leben ist Veränderung, das ist mir durchaus klar, doch ich fügte mich lediglich in die Gegebenheiten und betrachtete das neue Ladenlokal mit nüchternen Augen.

Eines Abends gegen sieben bemerkte ich, dass ich keinen Schlüssel hatte. Jemand hatte einen der Schlüssel verloren. Mitten in einer betriebsamen Stadt hatte man mich ohne die Möglichkeit abzuschließen allein gelassen. Ein solcher Gedanke bohrt sich einem ins Gehirn wie ein Speer. Ich zeigte gerade einem ausgesprochen seriös wirkenden Mann ein Buch über die britische Kooperativenbewegung, als mir beim Umblättern einer Seite jäh der Schlüssel einfiel. Rasch machte ich mir klar, dass sämtliche Schlosserwerkstätten bereits Feierabend hatten, und so fragte ich meinen Kunden um Rat. Die Situation war ihm offenbar nicht fremd. Der Laden hatte meinen gesamten Glauben an die Unfehlbarkeit wichtiger Geschäftsleute zunichte gemacht. Sie versandten Schecks ohne Unterschrift, sie glichen ihre Buchführung durch alle möglichen bombastischen Schutzbehauptungen aus, wie zum Beispiel »unregistrierte Ausgaben«. Jetzt war mir klar, dass sie auch ihre Schlüssel verloren. Ohne lange zu fackeln, als würde er das Verfahren aus eigener Anschauung kennen, empfahl mir mein Kunde, ich solle mit dem für mein Viertel zuständigen Streifenpolizisten sprechen, dann werde dieser über Nacht die Ladentür im Auge behalten. Also erkundigte ich mich beim Verkehrspolizisten, wie ich den Streifenpolizisten ausfindig machen könne. Er meinte, wenn ich hinüber zur Avenue ginge und den Knopf am Laternenpfahl an der Ecke drückte, werde mein Schutzmann das Signal empfangen, wo auch immer er sich gerade aufhielt.

Es war ein herrlicher Herbstabend mit einem Himmel aus lila Seide. Ich fand den Knopf und begann ihn ohne weitere Überlegung zu drücken, während ich darüber nachsann, wodurch sich Turner von Cézanne unterschied. Ich weiß nicht, wie lange ich dort stand. Die Straße war menschenleer. Irgendwann hörte ich Geräusche und wandte mich um. Zu meinem Entsetzen sah ich, dass sich eine Menschenmenge aus zwei- oder dreihundert Botenjungen, Überstunden machenden Büroangestellten und Flaneuren aus den Hotels hinter mir versammelt hatte und mir zusah, wie ich den Knopf drückte. Der Verkehrspolizist hatte mir nicht erklärt, dass ich mit jedem Drücken ein grünes und rotes Licht auslöste, das die ganze Avenue entlangleuchtete. Freilich konnte ich dieser Massenversammlung nicht erklären, dass ich einen Schlüssel verloren hatte, doch ich war im Zweifel, was ich tun sollte, bis mir ein kleiner Junge aus der Patsche half. »Ma'am«, sagte er, »wenn Sie den Hörer aus dem Kasten nehmen und mit dem Polizeirevier sprechen, schicken sie Ihnen jemanden.«

Mein Publikum hielt den Atem an, um zu erfahren, ob es sich bei dem Notfall um Mord, Feuer oder einen plötzlichen Todesfall handelte, doch ich enttäuschte sie alle. Ich bat darum, den Revierpolizisten an die Adresse Vierundvierzigste Straße Ost 51 zu schicken, und machte mich rasch davon. Doch das war nicht so einfach. Einige der dreihundert trabten hinter mir

drein, als ich mit möglichst ungerührter Miene zum
Laden zurückeilte. Sie bauten sich draußen auf und
beobachteten durch die Fenster eine ruhige Frau,
die eine Zahlenreihe zusammenrechnete, und deren
Cousine, die ein Buch las. Nach einer halben Stunde
erschienen zwei Polizisten in Zivil, die ziemlich unge-
halten reagierten, als sie erfuhren, dass es nur um einen
Schlüssel ging, doch sie nahmen sich des Ladens über
Nacht an und schickten uns zum Abendessen.

Wir eröffneten unseren Laden praktisch damit, dass
wir uns mit ein paar Büchern in einen Raum setzten
und sie am nächsten Tag verkauften. Monat für Monat,
als wüchse vor unseren Augen ein Haus in die Höhe,
entwickelten wir eine eigene Struktur. Mein Bruder
sagte einmal zu mir, er werde erst dann das Gefühl
haben, sein Büro sei gut organisiert, wenn es auch
ohne ihn laufe. Bevor er nicht seine Morgenpost lesen,
die Hacken auf den Schreibtisch legen und die druck-
frischen Seiten der unvermeidlichen *Saturday Evening
Post* durchblättern konnte, werde es immer irgendwo
eine Schwachstelle geben, die womöglich zur Folge
hatte, dass er aufgrund eines Schnupfens einen Auftrag
verlor. Wir lernten alles, indem wir es taten. Und was
haben wir nicht alles gelernt! Der Buchhandel versinkt
in Details. Wenn wir bei irgendetwas eine Zeit lang
auf amateurhafte Weise vor uns hingepfuscht hatten,
stießen wir stets auf ein Hilfsmittel, durch das man die
Sache mit etwas Köpfchen vereinfachen konnte.

Jeden Tag treffen in einer Buchhandlung fünfzehn bis fünfzig Verlagsrechnungen ein. Wenn die großen Herbstbestellungen kamen, waren diese Rechnungen manchmal acht oder zehn Seiten lang. Buchpakete mussten mit diesen Rechnungen verglichen, die Rabatte ausgerechnet und die Rechnungssummen zusammengezählt werden. Die Rabatte auszurechnen war eine Herkulesarbeit. Wir kauften beispielsweise Bücher für 1,10 Dollar das Stück und welche zu 1,25, 1,35, 1,50, 1,60, 1,75, 1,90 und so weiter bis zu einem Preis von 150 Dollar. Die ersten bezogen wir vielleicht mit einem Rabatt von 10 Prozent, die nächsten mit 25 Prozent und die weiteren mit 30, 33, 36, 37 oder 40 Prozent Rabatt. Wir kauften vielleicht drei, fünf oder acht oder fünfundzwanzig oder gar vierhundert Exemplare. Die am häufigsten wiederkehrenden Kombinationen hatte ich bald im Kopf, bis ich schließlich wochenlang keine Pakete mehr auspackte und alles komplett vergaß. Drei Jahre lang rechnete ich diese Rabatte aus, ehe ich auf die Idee kam, mir einen Schlüssel zu machen. Eine Woche lang trugen wir jede neue Kombination in eine Liste ein. Sie stand beidseitig auf einem Stück dicker Pappe mit Griff und war eine Versicherung gegen Hast, Unterbrechungen und mangelnde Erfahrung, und mit ihr konnte man jede Rechnung überprüfen, während sich eine Katze das Ohr ableckt, wie Lou zu sagen pflegte.

Schritt für Schritt entwickelten wir ein Verfahren, das immer zuverlässiger wurde. Als wir in den Yale Club zogen, stieß Brown zu uns. Brown war eines dieser Organisationsgenies, die noch einen Liebesbrief ordentlich ablegen, vermutlich je nachdem, ob die Bestellung erledigt oder unerledigt war, und verringerte dadurch enorm die Fehlerquote. Vor mir liegt gerade ein Stoß eng mit Schreibmaschine beschriebener Seiten, betitelt »Kurzer Abriss des in der Buchhandlung The Sunwise Turn eingeführten Systems«. Er besteht aus einundsiebzig Punkten. Der erste lautet: »Alle eintreffenden Waren werden unverzüglich kontrolliert« und so weiter. Brown war ein kleiner Mann mit goldblondem Haar und weißen Wimpern, der auf seltsame Art zwinkerte, wenn er einen Entschluss gefasst hatte. Er war humorvoll, bewandert, durchdringend, warmherzig, unermüdlich, ohne Respekt für irgendetwas außer Erfahrung und Stil, und selbst diese Eigenschaften respektierte er streng genommen nicht, sondern behauptete vielmehr ihre dauerhafte Gültigkeit. Er führte einen steten Strom an Korrespondenz und legte uns lustige kleine Geschenke auf den Schreibtisch. Ich weiß nicht, wie die Schreiben, die er manchmal anstelle von Geschäftsbriefen versandte, auf Engländer wirkten. Einmal hörte ich ihn Folgendes an Cazenove, den Londoner Grossisten, diktieren:

Sehr geehrte Herren!
Bezüglich der Verzögerung beim Begleichen Ihrer
Rechnung vom Oktober muss ich Sie daran erin-
nern, dass Ihre Gewohnheit, Bestellungen erst
viele Jahre, nachdem sie ergangen sind, auszulie-
fern, uns beim Verkauf der Bücher nach ihrem
Eintreffen einiges an Zeit und Mühe abverlangt,
da in den meisten Fällen die Kunden, für die die
besagten Titel vorgesehen waren, verstorben sind.
Freilich fügen einige ihrem Testament eine spe-
zielle Cazenove-Klausel an, durch die die Erben
verpflichtet sind, solche verspätet eingetroffenen
Bestellungen zu deren aktuellem Preis abzu-
nehmen, und dieser Brauch ermöglichte uns die
unverzügliche Begleichung der August- und Sep-
tember-Rechnungen, in den anderen Fällen jedoch
usw. usw.

Eines Tages kam er von Macmillan's zurück, wo er die
Unstimmigkeiten über einen seit langem umstrittenen
Posten klären wollte, der regelmäßig in ihrer monat-
lichen Rechnung auftauchte. Es würde zwei oder drei
Wochen dauern, der Sache nachzugehen, hatte man
ihm beschieden.

»Ich glaube aber nicht, dass ich zwei oder drei
Wochen bleiben kann«, sagte Brown und kehrte mit
der quittierten Rechnung in der Tasche zurück.

Brown warf einen kurzen Blick auf unsere Kartei und gab ihnen noch einen Monat. Sein größter Kummer war, dass er einmal einem Stammkunden eine Karte gegeben hatte, damit er die Adresse änderte, und als er sie zurückbekam, stand darauf: »Betuchter alter Bonze, bezahlt aber brav«. Von Anfang an waren uns die Vorzüge einer Kundenkartei mit mehr als vollständigen Dossiers klar gewesen. Unsere Kartei las sich so gut wie Margot Asquiths Biografie, doch als der Laden wuchs und mehr und mehr in andere Hände überging, stand fest, dass sie bearbeitet werden musste. Einmal bemerkte ich voller Entsetzen, wie ein hübsches junges Ding in weißem Sommerkleid, das wir angestellt hatten, um die Adressen für den Versand unseres alljährlichen Bücherbriefs zu schreiben, den gesamten Eintrag abschrieb. Der erste lautete: »Hiram C. Burke, Redakteur, *Sing Sing Bulletin*, Ossining, N. Y. – Strafgefangener; hat seine Mutter ermordet«. Ich hatte einmal mit ihm gesprochen, als wir mit Dr. Kirchwey in Sing Sing zu Mittag gegessen hatten, mir gedacht, dass wir seine Anschrift vielleicht eines Tages brauchen könnten, und sie zu den Unterlagen genommen. Man weiß nie, wann man einmal einen Mann braucht, der seine Mutter ermordet hat.

Als die Kundenkartei von all ihren Sünden befreit war, rettete Brown ein paar Beispiele für die Methoden einer mit Leidenschaft betriebenen Buchhandlung. So hatte eine Dame, die gerne Karten beschriftete, darauf bestanden, uns einen umfangreichen Auszug aus ihrer Gästeliste zur Verfügung zu stellen, und der Vermerk »gesellschaftlich hochgestellt« machte ziemlich Furore. Hier sind noch ein paar andere Notizen:

Hoyt, Helen: Dichterin. Sogar gut.
Bacon, Aaron: Margarets Onkel. Stinkreich.
Green, Brewster: Nett. Schlimme Nase, aber Bertie will ihn trotzdem modellieren. Anspruchsvolle Frau. Liest laut. Bukolisches oder Forschungsberichte.
Carter, Isabel: Richter Hughes' Enkelin. Hat einen Hund. Scotchterrier. Schöne Bibliothek. Wird vermutlich auch mal heiraten.
Le Mair, Caroline: Ihr Profil lässt einen wünschen, man hätte ein besseres Leben geführt. Erstausgaben George Moore.
Hale, Beatrice Forbes Robertson: Autorin eines Buches über Feminismus. Gott sei ihnen gnädig.
Tuesdick, Leavitt Jr.: Hat beim ersten Mal für $ 189 eingekauft. Die Welt ist schön – oder nicht?

Brown machte eine einzige Karte zum Prüfstein für unsere Sammlung. Sie war bei sämtlichen Angestellten herumgegangen, damit alle ihren Kommentar dazu abgeben konnten, und mit dem folgenden Strauß an Beweismaterial zurückgekommen:

Vorname falsch.

Nachname falsch.

Amt für soziale Belange ohnehin abgeschafft. Und außerdem hat diese Frau vor vier Jahren wieder geheiratet. Ihr Töchterchen hat mit meinem Sprössling gespielt, und sie hat direkt neben uns gewohnt, und wenn mich irgendjemand gefragt hätte, hätte ich euch sagen können, dass sie Bücher nicht einmal abstaubt.

Damit ist wohl der Beweis dafür erbracht, dass selbst die engagierteste Kartei ein Hort begrabener Hoffnungen ist.

Es gab eine Idee, die wir gerne in die Tat umgesetzt hätten, doch irgendwie kamen wir über Gedankenspiele nie hinaus. Denken ist das Schwerste auf der Welt. Wir waren beide überzeugt, dass niemand die Arbeit eines anderen so gut verrichten kann wie seine eigene und dass es ein Jammer ist, etwas anderes zu tun, wenn man wirklich an etwas glaubt. Seit jeher wollten wir den Laden als Kooperative betreiben. Es gibt so viele Dinge, zu denen man nicht kommt, und wir fanden nie die Zeit, uns eingehender mit den Experimenten auf dem Gebiet der Kooperativenbewegung zu befassen – wenigstens herauszufinden, wie das Modell funktioniert. Unser Laden war einfach strukturiert, aber wir fanden nie die geeignete Methode, um der zögerlichen Minnie, die nach einem Mann zum Heiraten Ausschau hielt, und den Pfadfinderjungen in unserem Lager, die kamen und gingen, einen Anteil daran zu überlassen, der ihnen Besitzrechte und die Befugnis gegeben hätte, über sein Gedeihen zu bestimmen.

12. Kapitel

Niemand weiß besonders viel über den Buchhandel. Es ist eine Branche, in der bisher nur wenig Forschungsarbeit geleistet wurde und in der es nur eine schwache Standesvertretung gibt. Der amerikanische Buchhändlerverband hat nicht einmal 1 000 Mitglieder, und davon sind 30 Prozent Verlagsvertreter.

Die Verleger wissen, dass ihr Absatzmarkt unzureichend ist. Mr. Brainerd von *Harper's Magazine* hat einmal in meiner Gegenwart gesagt, dass selbst wenn ein Verleger 200 000 Dollar in die Werbung für ein Buch investiert, Dutzende Städte in der Größe von Sandusky, Ohio, keine Buchhandlung besitzen, in der es verkauft werden könnte. In Städten wie Dubuque, Iowa, gibt es lediglich eine Abteilung in einem Warenhaus, in der das Angebot zum größten Teil aus leichter Unterhaltungsliteratur besteht.

Außer in kleinen Buchhandlungen gibt es auch praktisch keine Verkäufer mit einer entsprechenden Berufsausbildung, wie man sie im Ingenieur- und Versicherungswesen, in Medizin und Justiz als selbstverständlich voraussetzt, wo das Urteilsvermögen von Fachleuten gefragt ist. Und was es gibt, ist nicht dynamisch genug. Soweit ich weiß, bemüht sich keine Buchhandlung im ganzen Land so gezielt um große

Märkte, wie es unserer Ansicht nach angebracht wäre. Nicht jeder, der ein Buch kaufen will, kauft gleich eine Bibliothek. Das Alltagsgeschäft in der Branche besteht aus Kleinvieh. Trotzdem glaube ich, dass Buchhändler ihre Ware in einem zu engen Rahmen betrachten und folglich erst lernen müssen, sich nicht darauf zu beschränken, dass ein Verkauf genau ein Buch bedeutet. Die Bezugsgröße darf nicht das einzelne Buch sein; im Vordergrund steht zunächst eine Person, und dann Menschentypen, ganze Zielgruppen, die ein Publikum aus Tausenden bilden mit sämtlichen Interessen, Vorlieben und Abneigungen sowie dem geballten Un- und Halbwissen, das uns als Mängelwesen ausmacht.

Der Handel mit Büchern ist Terra incognita. In einer Schlüsselposition befinden sich ausschließlich die Käufer. Die Werbung ist eine Farce. Die einzige Werbung, die eine der größten Buchhandlungen der Welt zwei Wochen lang in der *New York Times* abdrucken ließ, lautete: »Neue und aktuelle Bücher«. Damit erreicht man nicht einmal Leute wie Dr. Eliot. Eine New Yorker Buchhandlung besitzt einen außergewöhnlich fantasiebegabten Schaufensterdekorateur. Leider weiß er aber nie, wie ein bestimmtes Fenster angekommen ist. Er sagt, es sei schwer, dergleichen herauszufinden. Das stimmt, doch mit einigem intellektuellem Aufwand schafft man es.

Der Versandhandel ist ein geradezu jungfräuliches Terrain. Einmal kam ich in den Laden und traf dort einen kurzsichtigen betagten Juden in feinstem Tuch und Satin, der seinen Blick dicht an den Regalen entlangwandern ließ. Mary berichtete mir, dass sie ihn bereits angesprochen habe, er jedoch seine eigenen Vorstellungen zu haben schien. Ich könne es ja mal mit ihm versuchen. Nachdem wir uns eine Weile unterhalten hatten, fragte er wohlmeinend: »Was für ein Konzept steckt eigentlich hinter diesem Laden?« Ich erklärte ihm unsere Idee, Menschen, die nicht am Puls der intellektuellen Welt leben, Gedanken zugänglich zu machen, so wie das Versandhaus Sears Roebuck es einem jungen Ding in Traverse Bay oder Cap al'Aigle ermöglicht, das gleiche modische Kostüm zu tragen wie ein Mädchen am Broadway, ihrer Mutter, die gleichen Vorhänge aufzuhängen, und ihrem Vater, die gleichen Werkzeuge zu benutzen wie Leute in den Zentren. »Ja, wirklich ein ganz großartiges Konzept.« Er meinte, das einzig Notwendige dabei sei Werbung, und zwar Direktwerbung, und erklärte, er habe Millionen Dollar für Werbung ausgegeben. Beim Gehen legte er seine Visitenkarte auf den Tisch. So erfuhr ich, dass er früher Direktor von Sears Roebuck gewesen war.

Die Allgemeinheit bemängelt, dass Buchläden rar, schlecht sortiert und die Verkäufer uninformiert seien. Wir haben alle schon über Buchläden gelästert. Doch aus welchem Grund? Alles, was die Welt dringend braucht, lässt sich verwerten – auch Ideen. Einmal habe ich einen prominenten Marketing-Fachmann sagen hören, dass Leser die einzige Kundengruppe in Amerika sind, für die es kein ausreichendes Angebot gibt.

Wir alle wissen, dass unser Leben und unsere Arbeit das sind, was wir daraus machen. Die Schwäche des Buchhandels ist der Mangel an Fantasie, Gefühl und Verstand, den Buchhändler in Bezug auf ihre Arbeit zeigen. Die Verleger verkaufen Titel. Jeder hat ein paar davon. Die Buchhändler verkaufen Bücher. Aber niemand verkauft die Freuden des Lesens oder die Macht von Büchern, Frieden, Freude und Bildung zu fördern. Die Menschen, die tatsächlich Bücher verkaufen, also nicht diejenigen, die das Konzept eines Ladens ausarbeiten und den Einkauf machen, sondern die, die vor dem Kunden stehen, wissen so wenig und so selten, was Bücher bewirken. Und dies ist umso bedauerlicher, als es ein enormes stilles Potenzial an Arbeitskräften für den Buchhandel gibt, wie es in keiner anderen Branche existiert. Ich sage das, weil wir es nutzten. Frauen aus den gehobenen Schichten wollen Bücher verkaufen, und zwar auch diejenigen, die weder unterrichten noch in irgendeinem anderen Beruf oder Bereich arbeiten möchten. Frauen aus gutem Haus, die belesen, aufmerksam, intelligent und von vornehmer Gesinnung sind, deren Väter Bankiers, deren Brüder Ärzte und Redakteure und deren Männer Ingenieure sind, erwarten von Läden, die ihnen nicht gänzlich frei von anheimelnder Atmosphäre erscheinen, dass man dort Bücher so verkauft, wie es sich gehört.

Ich könnte noch heute östlich des Mississippi 5 000 Frauen finden, die ohne Bezahlung Bücher verkaufen würden. Pro Woche kamen ein bis zehn Frauen auf uns zu und erkundigten sich, wie sie eine eigene Buchhandlung aufmachen oder ob sie als Aushilfe bei uns arbeiten könnten. Acht kleine Läden wurden vergangenes Jahr allein in New York eröffnet, sechs davon von Frauen. Die meisten kreativen Impulse im Buchhandel gehen heutzutage von Frauen aus. Marcella Burn Hahner vom Kaufhaus Marshall Field's in Chicago hat zwei Jahre lang eine landesweite Buchmesse von wegweisender Bedeutung organisiert. Sie ist heute wahrscheinlich die bemerkenswerteste Person im amerikanischen Buchhandel. Berta Mahoney hat zwei Saisons lang den Bücherbus geplant und organisiert. Die Idee eines Bücherbusses geisterte schon lange durch die Welt des Buchhandels, doch Berta Mahoney hat sie schließlich umgesetzt. Marian Dodd vom Hampshire Bookshop in Northampton gewährt in ihrer Buchhandlungskooperative den Käufern sieben Prozent Rabatt – wie sie das macht, ist mir ein Rätsel.

Frauen werden von ihren Ängsten beherrscht. Sie befassen sich lieber mit etwas klar Abgegrenztem. Sie wollen eine Kinderbuchhandlung aufmachen oder ein

Gehalt beziehen. Manchmal möchte ich Frauen, die vor irgendetwas Bestimmtem Angst haben, fast dazu drängen, es erst recht zu tun. Wenn uns junge Mädchen mit vollem Ernst fragten, ob sie eine Buchhandlung aufmachen sollten, rieten wir ihnen immer zu – das Kapital aufzutreiben, wenn sie es nicht schon hatten, den Sprung ins kalte Wasser zu wagen, die Probleme zu bewältigen und die Belohnung selbst einzuheimsen, wenn sie denn kam. Ich rate jeder Frau auf der ganzen Welt dazu. Sämtliche Völkerbünde, Friedensparteien und Abrüstungskonferenzen sind nichts im Vergleich zu bestimmten kleinen Buchhandlungen, die wichtige Bücher verkaufen. »Nur in der Kleingruppe und nirgends sonst wurde jemals menschlicher Fortschritt erzielt.« Dr. Culan sagte einmal zu uns, es gebe keinen einzigen anderen Weg, »um das nützlichste Organ der Welt zu werden, als eine Buchhandlung zu betreiben, in der man die tieferen Werte des Ostens verbreitet«.

Welche Kritik ich auch immer gegen die Art und Weise vorbringen werde, wie wir unsere Träume verwirklicht haben, es bleibt doch die Tatsache bestehen, dass in den letzten fünf Jahren in Amerika gute Bücher im Wert von 200 000 Dollar verkauft wurden, die ohne unseren Laden nicht verkauft worden wären.

Die Verleger rufen stets nach mehr Einfallsreichtum und Eigeninitiative im Buchhandel und versprechen dafür ihre Unterstützung. Nur leider wollen sie einem die ausschlaggebenden drei oder vier Prozent mehr Rabatt nicht auf einem Silberteller reichen. Man muss den Silberteller selbst herumgehen lassen, dann stimmen sie wohlwollend zu. Am Ende des ersten Jahres in unserem eigenen Laden rekapitulierten wir unsere Situation so aufrichtig wie möglich. Der Bericht, den wir für uns selbst anfertigten, war sehr professionell. Er enthielt Tabellen, Fixkostenberechnungen, den Bedarf für Direkt- und für Pressewerbung, ein Budget für Experimente und so weiter. Wir erkannten, dass unser Unternehmen bislang zwei Schwachstellen enthielt. Wir mussten unser Angebot erweitern, mehr Bücher verkaufen und einen größeren Spielraum hinsichtlich der Fixkosten einkalkulieren, wenn wir regulär Gewinn machen wollten.

Wir stellten einen Plan auf. Er bestand darin, aus jedem Verlagsverzeichnis die Bücher herauszusuchen, auf die wir uns konzentrieren wollten, einen höheren Rabatt für sie auszuhandeln und sie dann besonders zu bewerben. Inzwischen hatten sich mehrere Schwerpunkte in unserem Sortiment herauskristallisiert, und in sehr vielen Fällen standen die Bücher, die wir verkaufen wollten, nicht in den aktuellen Katalogen, weshalb man uns gerne entgegenkam. In jenem Herbst suchte ich jeden Morgen einen anderen Verleger auf. Ihre Bereitwilligkeit war verblüffend. Mein Argument war einfach, dass wir etwas machten, was für die Verleger relevant war, also mussten sie uns helfen, einen Weg zu finden, auf dem man es bewerkstelligen konnte. Einen Verleger ließ ich aus, weil wir diese Firma als so schwierig kennen gelernt hatten, dass es aussichtslos gewesen wäre. Ein zweiter weigerte sich, unsere Liste überhaupt anzuschauen. »Wir ändern nie unsere Strategie«, hieß es. Es erschien mir außergewöhnlich, dass es eine Firma gab, die nie ihre Strategie änderte. Doch abgesehen von diesen beiden gab uns jeder, was wir wollten.

Damals hatten wir einen deutschen Buchhalter, einen Mann mit einer schrecklichen Leidenschaft für Routine, und diese beiden unbeugsamen Verleger plagten ihn wie ein unerobertes Fürstentum. Eines Mittags verkündete er mir, dass er einen von ihnen wegen etlicher Fehler in einer Rechnung aufsuchen wolle. Sollte er sein Möglichstes tun, um Rabatte auszuhandeln? Ich war einen Moment lang geistesabwesend und stimmte zu. »Ja, tun Sie das ruhig.«

Am nächsten Morgen, etwa eine halbe Stunde, nachdem ich in den Laden gekommen war, rief mich der stellvertretende Direktor von Macmillan's an. Er erklärte, es tue ihm Leid, doch er habe soeben gehört, dass wir einem gewissen Kollegen die Rabatte gezeigt hätten, die er uns eingeräumt habe, während er die Vereinbarung zwischen uns als absolut vertraulich eingestuft habe. Es tue ihm Leid, aber er müsse sich von der Vereinbarung zurückziehen. Ich bat ihn, seine

Entscheidung zurückzuhalten, bis ich in Erfahrung bringen konnte, was geschehen war, denn wir hatten peinlichste Diskretion gewahrt. Immerhin war ebenso denkbar, dass seine eigenen Mitarbeiter Dritten Rechnungen gezeigt hatten. Ich legte auf und nahm mir unseren Buchhalter zur Brust. Und tatsächlich: Er hatte einen Stoß unmissverständlicher Rechnungen mitgenommen, um seine Argumentation zu untermauern, und sie ohne irgendwelche Skrupel zum Beweis vorgelegt.

Binnen einer Stunde riefen mich drei Verleger an. In der Morgenpost waren vier Briefe des gleichen Inhalts. Wie sich die Geschichte derart schnell hatte herumsprechen können, ist mir heute noch schleierhaft. Der Verleger, den unser Mitarbeiter aufgesucht hatte, war nicht nur Verleger, sondern auch Buchhändler und hatte offenbar dafür gesorgt, dass man von der Sache erfuhr. Ich verwendete den Rest des Vormittags darauf, alle Herren anzurufen, die uns unterstützt hatten, und ihnen zu erklären, was passiert war. Nie werde ich Mr. Macrae von Dutton's vergessen. »Ich habe diese Vereinbarung mit Ihnen getroffen, weil ich sie gut fand«, sagte er. »Ich finde sie immer noch gut. Und ich weiß selbst, wie ich meine Firma leiten muss. Verkaufen Sie weiter Bücher und zerbrechen Sie sich nicht den Kopf. Frohe Weihnachten und guten Tag.«

Hinter der äußerlichen Inkompetenz im Buchhandel steckt eine merkwürdige Hinfälligkeit, ein Schauspiel des wirtschaftlichen Determinismus, von dem die Öffentlichkeit nichts ahnt. Es ist eigenartig. Man muss mitten im Geschehen stehen, um es zu akzeptieren. Der durchschnittliche Rabatt, den Verlage Buchhändlern gewähren, beträgt ein Drittel. Der Fachausschuss des amerikanischen Buchhändlerverbands hat landesweit bei 25 renommierten Einzelhändlern Zahlen erhoben, die zeigten, dass die durchschnittlichen Fixkosten im Buchhandel bei einem Drittel liegen. Wir schafften es nie, sie unter 32,6 Prozent zu drücken.

Bei den großen Bestellungen bekommt man 40 Prozent, doch es gibt auch ein ganzes Heer von Büchern, bei denen der Rabatt 10, 15 oder 25 Prozent beträgt, was den Durchschnitt unerbittlich drückt; zum Beispiel Lehrbücher, Auslandsbestellungen und wissenschaftliche Literatur – schauriges Grab vieler meiner Hoffnungen! Frazers *Der goldene Zweig* ist ein Import, Deweys *Demokratie und Erziehung* steht auf der Lehrbuchliste. Wie oft ist mir angesichts dieser beiden Begriffe das Blut in Wallung geraten.

Die Leute schimpfen, wenn sie wichtige Bücher nicht in den Regalen ihrer Buchhandlung finden. Aber sie finden sie deshalb nicht, weil der Buchhändler bei jedem Exemplar, das er verkauft, 15 bis 25 Prozent Verlust macht. Wir führten manche Titel, die wir für wertvoll hielten, und erlaubten uns, einen Zuschlag zu erheben, aber wir verkauften auch viele, bei denen wir keinen Zuschlag verlangten und die sich nicht lohnten. Ein strenger, junger Buchhalter konfrontierte uns einmal damit, dass die tatsächlichen Kosten einer Einzelbestellung – also einer Verlagsbestellung eines einzelnen Buches, das nicht vorrätig ist – 16 Cents betrugen, einschließlich Verkaufsbeleg in dreifacher Ausfertigung, Bestellschein in doppelter Ausfertigung, Briefmarke, Umschlag, Bearbeitung der Verlagsrechnung, Versand, Rechnungsstellung und so weiter. Eine Einzelbestellung ist ein Sack voller christlicher Tugenden für alle Beteiligten. Der Käufer kommt sich edel vor, weil er bereit ist zu warten, wenn er sagt: »Sie können es für mich bestellen.« Der Buchhändler kommt sich edel vor, weil er keinen Cent daran verdient. Und der Verleger kommt sich edel vor, weil er ebenfalls nichts daran verdient.

Als Buchhändler überlebt man, indem man auch andere Artikel verkauft – Fotos, Linoleum, fliederfarbenes Briefpapier, ja sogar Autos. Man kann außerdem alte und seltene Bücher verkaufen. Sammlerstücke erzielen am ehesten hohe Gewinne. Aber mit Demokratie hat das alles nichts zu tun. Demokratie heißt, dass bedeutende Ideen allgemeine Verbreitung finden. Die großen Buchhandlungen, die auch andere Artikel führen, verzeichnen Nettogewinne von 5 Prozent. Die enorme Mühsal und die Hingabe, von denen die kleinen engagierten Buchhandlungen leben, bringen meist jene leidenschaftlichen Wesen auf, die sich ihre

Inhaber nennen. Ich könnte die Angehörigen dieses Stammes fast auf der Straße erkennen. Sie sehen so glücklich aus, so schlaflos, so überarbeitet. Ihr Idealismus ist nicht mit Gold aufzuwiegen. Wenn ich mich auf Tagungen umsehe, denke ich oft, dass alle Buchhändler kleine Don Quijotes sind. Anders ginge es gar nicht. Jeder Buchhändler gibt sein Leben für sein Land.

Verleger erklären einem die Rabattsituation, doch sie können nicht wegerklären, warum sie sich eigenhändig das Wasser abgraben. Der Buchhandel wurde in solchem Maße belastet, dass es bald keine Buchhändler mehr gibt, die Bücher verkaufen können. Die älteren und weniger einflussreichen Verlagshäuser verbergen diese anomale Lage sogar vor sich selbst. Ein Verleger, der letzten Winter vor dem Schriftstellerverband gesprochen hat, berichtete, dass ein bestimmter Roman, der für 2 Dollar verkauft wurde, dem Autor für 5 000 Exemplare 1 500 Dollar eingebracht hat, dem Buchhändler 4 000 Dollar und dem Verleger einen Nettoverlust von 181 Dollar. Im Fall des Verlegers nannte er den Nettoverlust, im Fall des Buchhändlers den Bruttogewinn. Der Gewinn des Buchhändlers an jedem 2-Dollar-Roman, den er verkauft, beträgt nicht etwa 80 Cents. Wenn er Visitenkarten und Hochzeitseinladungen, Bilder, Textilien, Batikkännchen, Honig, Marionettenaufführungen und seine Ratschläge in Fragen der Inneneinrichtung verkauft, so wie wir es taten, liegt sein Gewinn im Durchschnitt bei 10 Cents.

Letzten Winter veranstalteten Stewart & Kidd aus Cincinnati vor der Veröffentlichung von Lansings Buch eine Werbekampagne. Ein paar Tage vor dem Veröffentlichungstermin hatten sie 500 Bestellungen vorliegen und dekorierten ihr Schaufenster mit den eingepackten Büchern, wobei man die Adressen gut erkennen und so ablesen konnte, ob der eigene Nachbar oder Anwalt oder der Angestellte am Bankschalter schon eines bestellt hatte. Fünfhundert sind eine große Menge für einen derartigen Titel. Dahinter stecken Eigeninitiative sowie Unmengen von Korrespondenz und Telefonaten. Es war ein interessantes Schaufenster. Der Gewinn aus diesen Verkäufen betrug ganze 75 Dollar.

Buchhändler kann man nur sein, wenn man die Arbeit für den Lohn nimmt. Doch es ist etwas in Bewegung gekommen. Man spürt es wie einen Wetterwechsel. Unterschiedliche Epochen erzielen ihren Fortschritt durch unterschiedliche Maßnahmen. Unserer vollzieht sich, wie Robinson bemerkt, »indem man ehrlich und mutig dem extremen Überfluss an neuem Ideengut gegenübertritt, mit dem sich diese Generation befassen muss. Es steht außer Frage, dass wir mehr Verstand brauchen werden als je zuvor und dass wir unendlich viel mehr Verstand zur Verfügung haben werden, als wir bereits besitzen, wenn wir ihn uns nur aufrichtig herbeiwünschen und uns der bereits jetzt zur Verfügung stehenden Ressourcen bedienen.« Meiner Meinung nach wird dies nur mithilfe jener Umschlagplätze geschehen, die wir Buchhandlungen nennen.

In den vergangenen paar Jahren haben überall kleine Buchläden aufgemacht. Ihre Inhaber zetern, sinnieren und winden sich, und irgendwie treiben sie mehr Kapital auf. Alle hellhörigeren Verleger haben die Rabatte erhöht. Der amerikanische Buchhändlerverband wird binnen weniger Jahre schätzungsweise 1 500 Mitglieder zählen. Die Women's National Book Association bemüht sich ihrerseits, sämtliche Frauen, die mit Herstellung und Vertrieb von Büchern befasst sind – Autorinnen, Buchbinderinnen, Druckerinnen, Verlagsangestellte, Bibliothekarinnen und Kritikerinnen –, in einer Organisation zu vereinen, ganz ähnlich den französischen Gewerkschaftsverbänden. Doch über alledem steht ein Gefühl, ein tieferer Sinn, etwas Unklares, Unbeobachtetes, Unbemerktes, das aber dennoch da ist – und irgendwann ein alter Hut sein wird. Es ist eine Zeit, in der etwas geschieht.

Vielleicht sind Buchhandlungen der nächste Schritt in der Erziehung zur Reife – nach der mittelalterlichen Universität und der öffentlichen Bibliothek. Lunatscharski, der russische Bildungsminister, hält sie für wichtiger als staatliche Schulen. Er hat Russland mit Buchhandlungen überzogen. Vielleicht sind Buchhandlungen ja großartige gemeinnützige Dienstleistungszentren und erhalten demnächst staatliche Zuschüsse. Vielleicht werden sie eines Tages subventioniert wie die Handelsmarine, oder es werden ansehnliche Buchhandelsstiftungen eingerichtet. Doch zunächst geht es darum auszuprobieren, ob sie nicht im angelsächsischen Sinne zu gewinnbringenden Unternehmen taugen.

Als Erstes müssen die Spielregeln angepasst werden, und zugleich müssen wir unsere Einstellung ändern. Wir brauchen etwas von der Aufbruchstimmung, aus der heraus Völkerwanderungen entstehen.

Man tut so vieles im Lauf eines Lebens. Worin bestehen der Wert und der Sinn von Arbeiten wie dieser? Jede einzelne hinterlässt vielleicht etwas, was eine Mauer gegen die Unendlichkeit aufbaut, gegen den Rest an Ungelebtem. Irgendjemand wird unseren fröhlichen Buchladen weiterführen, auf seine eigene Weise. Und wir können diese Arbeit nicht mit der Pinzette in die Höhe heben, sie betrachten und fragen: Bist du vollendet und genau so, wie ich dich haben wollte?

So ist das Leben. Man dreht einen Schlüssel um, doch es ist nicht zu Ende, und man begreift nicht immer, was es gewesen ist. Ich versuche nicht darum zu bitten, dass es so bleibt, wie es ist. Ich versuche es, da es sich ohnehin nicht daran halten wird. Manchmal trugen der Wind oder die Bienen an einem Sommernachmittag etwas von einem Baum zu mir her, das mehr war als eine Hoffnung oder ein Blatt oder ein Stück Himmel oder eine Geschichte mit einer spannenden Handlung oder sonst etwas Vollkommenes. Mitunter sehen wir die Welt nicht als Summe klar umrissener kleiner oder großer Teile, nicht als warm oder kalt, gut oder schlecht und auch nicht als zielgerichtet und nicht einmal als unabänderlich. Immer wenn ich das Gefühl hatte, etwas mit großer Leichtigkeit zu tun, so wie Sonnenlicht auf eine Wand fällt, dann war es echt. Nur das ist wahr, was unserem Wesen entspricht.

Nachwort

Was braucht es zum Glück? Manchmal genügt ein Buch, manchmal ruft es eine Idee in uns wach, einen Traum, der uns Flügel verleiht und andere mitreißt. Mitten in den Umwälzungen des Ersten Weltkriegs und trotz ungünstiger wirtschaftlicher Rahmenbedingungen erfüllten sich zwei Frauen in New York City ihren Traum. Madge Jenison und Mary Mowbray-Clarke, beide in künstlerisch-intellektuellen Kreisen zu Hause, gründeten 1916 eine Buchhandlung, die innerhalb kurzer Zeit zum kulturellen Fixpunkt in Manhattan wurde. Vermutlich kaufte Sylvia Beach[1] hier ein, bevor sie nach Paris ging, dort ihre legendäre Buchhandlung Shakespeare and Company eröffnete und so gewissermaßen Madge Jenisons Werk fortführte.

Die Jahre der Hochkonjunktur und des ungebremsten Kapitalismus im amerikanischen Gilded Age waren vorüber; Präsident Woodrow Wilson begann längst überfällige Reformen umzusetzen. Angesichts scharfer sozialer Gegensätze erstarkten die Gewerkschaften, und die Frauenbewegung gewann an Einfluss.

---

1 Vgl. Sylvia Beach, *Shakespeare and Company. Ein Buchladen in Paris*, Frankfurt am Main 1982.

In der Kunst ereigneten sich nicht weniger gewaltige Umbrüche. Ein Meilenstein in der Rezeption moderner Kunst in den USA war die Armory Show 1913, zu deren Organisatoren der Bildhauer John Mowbray-Clarke gehörte, Mary Mowbray-Clarkes Ehemann. Der englische Kunstkritiker Clive Bell, dem Jenison ihr Buch widmete, erweiterte den Kunstbegriff durch die Definition der »signifikanten Form«, exotische Kunstströmungen fanden starke Beachtung. In New York blühte die Avantgarde, die Washington Square Players sorgten als unabhängige Theatergruppe für Furore, und am Braodway wurde das Neighborhood Playhouse zum Podium für neue Formen der Darstellung.

In dieser pulsierenden Atmosphäre entstand The Sunwise Turn, das Urbild einer Buchhandlung, wie sie wohl jeder Bücherfreundin, jedem Bücherfreund vorschwebt. Künstler und Intellektuelle verkehrten hier ebenso wie Vertreter des Geldadels, Angehörige der Mittelschicht und Arbeiter. Helene Hanff[2] hätte ihre helle Freude an ihr gehabt. Schnell wurde der extravagante Laden am Rand der Eastside weit über die Grenzen der Stadt hinaus berühmt. Damen der Gesellschaft arbeiteten unentgeltlich als Aushilfe, und die junge Peggy Guggenheim erledigte Boten-

---

2 Vgl. Helene Hanff, *84, Charing Cross Road. Eine Freundschaft in Briefen,* Hamburg 2002.

gänge im bodenlangen, mit rosa Chiffon gefütterten Pelzmantel. Die blonde Stummfilmschönheit Constance Talmadge verewigte den Laden sogar in einem ihrer frühen Filme. 1920 folgte der Umzug von der Thirty-First Street, Ecke Fifth Avenue, in das Yale Club Building an der East Forty-Fourth Street, Nummer 51, gegenüber der Grand Central Station. Wie lange genau die Buchhandlung bestand, lässt sich nicht ermitteln. Im Verlag E. P. Dutton erschien 1923 die Originalausgabe des vorliegenden Buchs, das von den zeitgenössischen Leserinnen und Lesern offenbar begeistert aufgenommen wurde, denn es erlebte bis 1930 fünf Auflagen.

Madge Caroline Jenison (1874–1960) war als Autorin und Frauenrechtlerin zur damaligen Zeit keine Unbekannte. Sie wuchs als Tochter eines Architekten in Chicago auf, besuchte das College und zog dann nach New York, wo sie einige Zeit als Lehrerin arbeitete. Ihre Schwester Nancy wurde eine der ersten Ärztinnen in den USA, und sie selbst engagierte sich an vorderster Front in der Woman Suffrage Party. Zwischen 1905 und 1915 veröffentlichte sie zahlreiche Artikel in literarisch-politischen Zeitschriften wie *Harper's Magazine* – unter anderem über Wohnungsbau in Berlin –, später kamen Kurzgeschichten und einige Romane hinzu, darunter *Dominance* (1928) und *Invitation to the Dance* (1929), außerdem ein kulturhistorisches Werk über Straßen und Handelswege:

Roads (1948). Zusammen mit Mary Mowbray-Clarke gehörte Madge Jenison überdies zu den fünfzehn Gründungsmitgliedern der Women's National Book Association, die sich 1917 formierte, um die Interessen von Frauen in der Buchbranche zu vertreten.

Unter den zahlreichen Aktivitäten, die die beiden Buchhändlerinnen entfalteten, waren Lesungen, Kunstausstellungen und das Angebot spezieller Buchbindearbeiten. Zum Markenzeichen wurden ihre originellen Geschenkverpackungen. Es dauerte nicht lange, und sie begannen selbst verlegerisch tätig zu werden. Im Verlag The Sunwise Turn erschienen mehrere Bücher des einflussreichen indischen Kunsthistorikers Ananda Coomaraswamy, etwa der Sammelband *The Dance of Shiva* (1918 und 1924). Neben Theaterstücken für das Neighborhood Playhouse finden sich im Programm Titel wie *A Guildsman's Interpretation of History* von Arthur J. Penty (1919), *The intellectuals and the wage workers. A study in educational psychoanalysis* von Herbert Ellsworth Cory (1919), die Anthologie *Pins for wings* von Emanuel Morgan (1920) und eine Übersetzung aus dem Deutschen: Rainer Maria Rilke, *Auguste Rodin* (1919).

Der Erfolg des Buchs über The Sunwise Turn bei den Zeitgenossen lässt sich unschwer auf den lockeren, humorvollen Tonfall der Autorin zurückführen. Sie erzählt pointiert von den Freuden und Widrigkeiten des Geschäftsalltags und bringt gleichzeitig eine hinreißende Leidenschaft für Bücher und Begegnungen zum Ausdruck. Vor unseren Augen lebt ein Stück New York um 1920 wieder auf – mit einfachen, skurrilen, außergewöhnlichen und schillernden Persönlichkeiten, die zum Teil längst vergessen, zum Teil aber heute feste historische Größen sind. Ein höchst subjektiver, zufälliger Ausschnitt und zugleich ein spannendes Zeitporträt aus der Perspektive einer Ladenbesitzerin und begeisterten Leserin.

Zum besonderen Reiz dieser literarischen Liebeserklärung an eine Buchhandlung gehört es, dass viele Episoden und selbst kaufmännische Gepflogenheiten noch heute mühelos nachvollziehbar sind. Ist wirklich fast ein Jahrhundert vergangen, seitdem das Weihnachtsgeschäft über Jenison und Mowbray-Clarke hereinbrach? Unternehmerische Risiken und erdrückende Konkurrenz, das Glück des Gelingens und das Bewusstsein, mitten im Strom des Weltwissens zu stehen – all das spiegelt Jenisons »menschliche Komödie des Bücherverkaufens«, so der Untertitel des Originals. Nach der Lektüre ist man überzeugt, dass sich ihr Mut zum Risiko gelohnt hat.

Marion Voigt, Juni 2006

Editorische Notiz

Bei den im Text genannten Büchern ist in der Regel der Titel der deutschen Übersetzung aufgeführt. Wo sich eine deutsche Übersetzung bibliografisch nicht nachweisen ließ, steht der Originaltitel.

Die Autorin streut großzügig Namen, Buchtitel und Zitate ein, die ihr geläufig sind, unseres Erachtens aber der Erklärung bedürfen. In den meisten Fällen ist es gelungen, nähere Informationen zu recherchieren. Sie befinden sich in den Anmerkungen.

ANMERKUNGEN

Seite 8: Clive Bell (1881–1964), Schriftsteller und Kunstkritiker, stand der Künstlervereinigung Bloomsbury
Group nahe; Schwager von Virginia Woolf. In dem
1914 erschienenen Werk *Art* entwickelte Bell seine
Kunsttheorie.

Seite 9: Arthur Davies (1862–1928), amerik. Maler der
Ashcan School.
Jean-Henri Fabre (1823–1915), franz. Entomologe.
Edgar Lee Masters (1868–1950), amerik. Schriftsteller;
vgl. S. 88.
Paul Fort (1872–1960), franz. Dichter.

Seite 10: Mary Mowbray-Clarke, Ehefrau des Bildhauers
John Frederick Mowbray-Clarke (1869–1953).

Seite 11: Thomas Malory, *Le Morte Darthur;* die Samm-
lung von Prosaerzählungen erschien erstmals 1485.
»… wuchs wie das Sommergras« – Zitat aus Shakespea-
res *König Heinrich V.*
Alfred Harcourt arbeitete für das Verlagshaus Henry
Holt & Company, bevor er 1919 zusammen mit
Donald Brace seinen eigenen Verlag Harcourt Brace &
Company gründete.

Seite 15: Vorsitzender des Verlegerausschusses war William
Morrow of Stokes.
Earnest Elmo Calkins (1868–1964), Schriftsetzer, Gra-
fiker, Publizist; gründete 1902 mit Ralph Holden die
Agentur Calkins & Holden und wurde zu einem Vorrei-
ter der Werbebranche.

Seite 19: Alfred Stieglitz (1864–1946), amerik. Fotograf,
gründete 1902 mit E. J. Steichen die Gruppe Photo-
Secession.

Seite 25: Washington Square Players, 1916 gegründete Theatertruppe aus enthusiastischen Amateuren.

Seite 26: »… den Leuten einen Topf Farbe ins Gesicht geschleudert.« Der Kunstkritiker John Ruskin 1876 über die Arbeiten des postimpressionistischen amerik. Malers James Abbot McNeill Whistler (1834–1903). Carl Zigrosser (1891–1975), US-Kunsthistoriker dt. Herkunft; Kurator in Philadelphia, Herausgeber der Druckgrafik von Käthe Kollwitz.

Seite 27: Amy Murray sammelte gälische Folklore und besuchte 1905 den gälischen Dichter Allan MacDonald (1859–1905) auf der Hebrideninsel Eriskay. 1914 veröffentlichte sie in New York das Buch *Father Allan's Island.* James George Frazer, *The Golden Bough. A study in comparative religion,* Erstausgabe London 1890.

Seite 29: Kate Sanborn, *Hunting Indians in a Taxicab,* Boston 1911.

Seite 31: George Inness (1825–1894), amerik. Maler.

Seite 40: John Emerson (1874–1956), Schauspieler, Drehbuchautor, Regisseur, später Filmproduzent.

Seite 48: »Ach, wie schlug das Herz …«. Zitat aus Shakespeares *Timon of Athens* nach der Übersetzung von Wieland.

Seite 49: Edward Lear (1812–1888), brit. Maler, Illustrator und Schriftsteller, berühmt für seine Nonsense-Gedichte.

Seite 51: Patrick Geddes (1854–1932), schott. Wissenschaftler und Städteplaner.
Washington Irving (1783–1859), amerik. Schriftsteller; *The Sketch Book Of Geoffrey Crayon* erschien erstmals 1819 in New York.

Seite 57: Randolph Bourne (1886–1918), Intellektueller, der sich fast als Einziger gegen den Kriegseintritt der USA wandte, starb während der Grippeepidemie.

Seite 58: Meuse-Argonne-Offensive. Die Schlacht fand zwischen dem 26. September und dem 11. November 1918 im Verdun-Sektor statt und endete mit dem größten Sieg für die amerikanischen Streitkräfte im Ersten Weltkrieg.

Seite 62: Sir Harry Johnston, *The Gay-Dombeys,* New York 1919.

Virginia Woolf, *The Voyage Out,* London 1915; dt. *Die Fahrt hinaus.*

Waldo Frank, *Our America,* New York 1919.

Helen Marot, *Creative Impulse in Industry,* New York 1918.

Samuel Sidney McClure (1857–1949), Journalist, gründete 1893 in New York *McClure's Magazine,* eine literarisch-politische Zeitschrift.

Seite 63: George Horace Lorimer (1868–1937), Autor, ab 1899 Verleger der *Saturday Evening Post.*

Seite 64: John Cowper Powys (1872–1963), walis. Dichter und Schriftsteller, berühmt für seine Vortragsreisen in Europa und den USA.

Seite 66: Godfrey Rathbone Benson Charnwood, *Abraham Lincoln,* London 1916.

Seite 68: »Mit der Zunge Prügel-Suppe«. Zitat aus Shakespeares *History of King John* nach der Übersetzung von Wieland.

Mrs. Lydia Philip = Gertrude Käsebier (1852–1934), amerik. Fotografin, eröffnete 1897 ein Porträtatelier in New York, Ehefrau von Philip Lydig.

Seite 72: Annie Elizabeth Fredericka Horniman (1860–1937), engl. Förderin des zeitgenössischen Theaters.

Seite 74: Florence Lowden, Ehefrau von Frank Orren Lowden, der 1917–1921 Gouverneur von Illinois war.

Seite 76: Romain Rolland, *Jean-Christophe*, Paris 1904–1912.

Seite 79: Edith Maude Hull, *The Sheik*, London 1921.

Seite 80: Frederick O'Brien, *Atolls of the Sun*, New York 1922.

Seite 84: Paul Richards, *The Lunch Room*, Chicago 1916.

Seite 87: Henry Laurence Gantt (1861–1919), amerik. Maschinenbauingenieur und Unternehmensberater, entwickelte das Gantt-Diagramm als Instrument des Projektmanagements.

Seite 88: Edgar Lee Masters, *Spoon River Anthology*, New York 1915.

Kakuzo Okakura, *Book of Tea*, Edinburgh 1919.

Seite 89: John Henry Patterson war Inhaber der National Cash Register Company (NCR), die erstmals mechanische Registrierkassen in großem Umfang fabrizierte – heute ein weltweit führendes Unternehmen.

James Fairgrieve, *Geography and World Power*, London 1915.

Seite 95: Winston Churchill, *The Inside of the Cup*, London und New York 1913.

Seite 97: Christopher Morley (1890–1957), amerik. Journalist und Schriftsteller.

Seite 99: Lord Dunsany, d. i. Edward Plunkett (1878–1957), ir. Schriftsteller.

Rabindranath Tagore, eigentl. Thakur (1861–1941), bengal. Dichter, Philosoph, Maler und Musiker, erhielt 1913 den Nobelpreis für Literatur.

Seite 104: William Blakes illustriertes Werk *The Marriage of Heaven and Hell* entstand 1790 bis 1793.

Seite 105: Elizabeth Blackwell (1821–1910) studierte in New York Medizin und wurde die erste graduierte Ärztin in den USA. Später bildete sie zusammen mit Florence Nightingale in London Krankenschwestern und Ärztinnen aus.

Louis Pasteur (1822–1895), franz. Wissenschaftler und Pionier auf dem Gebiet der Mikrobiologie.

Thomas Henry Huxley (1825–1895), engl. Biologe, Hauptvertreter des Agnostizismus, Großvater von Aldous Huxley.

James Jerome Hill (1838–1916), Eisenbahnmagnat.

Edwin Emery Slosson, *Creative Chemistry*, New York 1919.

Lorin F. Deland, *Imagination in Business,* New York und London 1909.

Seite 106: Edward Carpenter, *Love's coming-of-age. A series of papers on the relations of the sexes,* London 1855.

Carl Ewald, *My Little Boy,* London 1908.

Seite 108: Fisher Bill. Berühmte Gesetzesvorlage über Bildung, die aufgrund der Bemühungen der britischen Labour Party während des Kriegs verabschiedet wurde.

Seite 111: William Hazlitt (1778–1830), engl. Essayist und Schriftsteller. Sein Essay »On the Conversation of Authors« erschien 1820 im *London Magazine.*

Seite 114: Aleksandr I. Kuprin (1870–1938), russ. Schriftsteller.

John Atkinson Hobson, *Democracy After the War,* London 1917.

Seite 115: Theodore Dreiser (1871–1945), amerik. Schriftsteller.

Amy Lowell (1874–1925), amerik. Frauenrechtlerin, Literaturwissenschaftlerin und Dichterin; erhielt 1926 postum den Pulitzer-Preis für Lyrik.

Seite 119: Giles Lytton Strachey (1880–1932), brit. Biograf, Kritiker und Schriftsteller.

Luca della Robbia (um 1400–1481), ital. Bildhauer der toskanischen Frührenaissance; begründete eine Werkstatt für Terrakottakunst, deren Produkte, vor allem die Schmuckreliefs, in ganz Europa Verbreitung fanden.

Elinor Glyn (1864–1943), brit. Autorin von Liebes-

romanen mit seinerzeit Zeit gewagten erotischen
Szenen.

Seite 122: Sir Harry Johnston (1858–1927), brit. Afrika-
forscher und Multitalent.

Seite 123: Joseph Hergesheimer, *The Lay Anthony. A
romance,* New York 1914.

René Vallery-Radot, *La vie de Pasteur,* Paris 1900.

John Hastings Turner, *Simple Souls,* New York 1918.

Seite 124: Francis Place (1771–1854), engl. Reformer.

Seite 125: Lucille Deming Lewis, Ehefrau des Grafikers
Martin Lewis (1881–1962).

Seite 126: Benjamin W. Huebsch, New Yorker Verleger; in
seinem 1902 gegründeten Verlag erschien u. a. 1916
A Portrait of the Artist as a Young Man von James Joyce
(dt. *Ein Porträt des Künstlers als junger Mann*).

Seite 129: Jay Gould (1836–1892), einer der berüchtigten
Räuberbarone der amerik. Eisenbahn-Ära.

Seite 131: Laura Jean Libbey (1862–1924), erfolgreiche
Autorin von 82 Groschenromanen.

Seite 132: James Branch Cabell (1879–1958), amerik.
Romanautor.

Seite 134: Thomas MacDonagh, Patrick Pearse und Sir
Roger Casement waren führende Teilnehmer des irischen Osteraufstands 1916 und wurden nach der bluti-
gen Niederschlagung der Unruhen durch die Engländer
hingerichtet.

Seite 136: James W. Foley, *Some One Like You,* New York
1916.

Seite 138: Harley Granville Barker (1877–1946), engl.
Schauspieler, Regisseur und Schriftsteller.

Bureau of Industrial Research. Die antikapitalisti-
sche Organisation BoIR wurde 1917 von inhaftierten,
gewerkschaftlich organisierten Arbeitern gegründet und
diente der Informationsvernetzung von Werktätigen aus
versch. Industriezweigen.

Seite 139: John Atkinson Hobson (1858–1940), engl. Publizist und Ökonom.

Seite 140: James Stephens (1882–1950), ir. Dichter und Romanautor; vgl. S. 149.

Seite 141: Jean Froissart (ca. 1337–1405), belg. Dichter und Chronist.

Seite 142: Emanuel Swedenborg (1688–1772), schwed. Wissenschaftler, Mystiker und Theologe.
Anders Zorn (1860–1920), schwed. Maler.

Seite 143: Thorstein Veblen (1857–1929), amerik. Ökonom und Soziologe norweg. Abstammung. Sein Buch *The Theory of the Leisure Class (dt. Theorie der feinen Leute)* erschien erstmals 1899 in New York.

Seite 144: »Kraft eines geflügelten Wagengespanns«. Zitat aus Platons *Phaidros.*
James Watson Gerard (1867–1951), amerik. Botschafter in Deutschland vor dem Ersten Weltkrieg, schrieb das deutschlandfeindliche Werk *My four years in Germany,* New York 1917.

Seite 145: Padraic Colum (1881–1972), ir. Dichter, Romancier, Dramatiker und Sammler von Volkserzählungen.
August Forel (1848–1931), Schweizer Arzt, Naturforscher und Sozialreformer. Sein Bestseller *Die sexuelle Frage* erschien erstmals 1905.

Seite 146: Alice Lewisohn Crowley (1889–1972), Schauspielerin, Frauenrechtlerin; gründete 1915 zusammen mit ihrer Schwester Irene das Neighborhood Playhouse.

Seite 147: Theodore Dreiser, *The Genius,* New York 1915.

Seite 149: James Stephens, *The Crock of Gold,* London 1912; dt. *Der goldene Hort*
»Oberhaupt der Unsterblichen«. Zitat aus *Tess* von Thomas Hardy.

Seite 166: Margot Asquith (1864–1945), engl. Schriftstellerin, Ehefrau von Herbert Henry Asquith, der

1908–1916 brit. Premierminister war; ihre Autobiografie erschien 1920 in London.

Seite 179: John Dewey, *Democracy and Education,* New York 1916.

Seite 182: Robert Lansing (1864–1928), 1915 bis 1920 US-Außenminister, veröffentlichte 1921 *The peace negotiations. A personal narrative;* dt. *Die Versailler Friedens-Verhandlungen. Persönliche Erinnerungen.*

Bibliografische Informationen der Deutschen Bibliothek
Die Deutsche Bibliothek verzeichnet diese Publikation in der
Deutschen Nationalbibliografie; detaillierte bibliografische Daten
sind im Internet über http://dnb.ddb.de.abrufbar.

1. Auflage 2006
© edition ebersbach
Horstweg 34, 14059 Berlin
www.edition-ebersbach.de

Lektorat: Marion Voigt, Zirndorf
Umschlaggestaltung: ansichtssache – Büro für Gestaltung, Berlin
Satz: Verlag Die Werkstatt, Göttingen
Druck und Bindung: Tiskarna Ljubljana, Slowenien
Alle Rechte vorbehalten
ISBN 3-938740-24-8